Unterrichtsmodell

Max Frisch

Homo faber

erarbeitet von Almut Peren-Eckert und Bettina Greese

herausgegeben von Johannes Diekhans

Best.-Nr. 022315 3

Schöningh

Inhalt

1. Hauptpersonen 6
2. Die Handlung und der Aufbau des Romans 8
3. Vorüberlegungen zum Einsatz des Buches im Unterricht 10
4. Konzeption des Unterrichtsmodells 13
5. Die thematischen Bausteine des Unterrichtsmodells 14

   Baustein 1: Erste Leseeindrücke 14
   Arbeitsblatt 1: Die ersten Leseeindrücke 16

   Baustein 2: Die Zeitstruktur des Romans 17
   Arbeitsblatt 2: Die Erzählfolge im Roman – ein Puzzle aus Textzitaten ... 19

   Baustein 3: Die Schauplätze und ihre Symbolik 20
   3.1 Bedeutung von Orten und Landschaften – ein assoziatives
       Schreibgespräch 21
   3.2 Verortung der Reisen Fabers und deren Deutung 22

   Baustein 4: Natur und Technik – eine Frage der Wahrnehmung .. 23
   4.1 Die Relativität der Wahrnehmung 23
   4.2 Fabers Sicht der Wüste und des Dschungels 24

   *Baustein 5: Wie Frauen und Männer sind – Die Bildnisproblematik des Romans,
              erarbeitet anhand des Geschlechterdualismus* 27
   5.1 Die eigenen Bilder von Mann und Frau 27
   5.2 Fabers dualistisches Bild von Frau und Mann 28
   5.3 Faber und Ivy: Bestätigung von Fabers Bild von Mann und Frau? ... 31
   Arbeitsblatt 3: Ein Standbild bauen 35
   5.4 Faber und Sabeth: Bewusstseinswandel 36
   5.5 Faber und Hanna: Hannas Bild von Mann und Frau 38
   Arbeitsblatt 4: Vernunft-Gefühl-Barometer 39
   5.6 Gründe für das Scheitern der Beziehungen – die Rollen Fabers und Hannas ... 41
   Arbeitsblatt 5: Textproduktion 43
   5.7 „Homo faber": Absage an erstarrte Bildnisse 45

   *Baustein 6: Der Tod Sabeths und die Schuldfrage – ein Vergleich von Buch
              und Film* 47
   Arbeitsblatt 6: Der Tod Sabeths und die Schuldfrage 51

6. Zusatzmaterialien 52
   Z 1   Quiz 52
   Z 2   Max Frisch – Eine Kurzbiografie 53
   Z 3   Die chronologische Ereignisfolge 54
   Z 4   Die „Geschichte" 55
   Z 5   Kartografie der Schauplätze 56
   Z 6   Bedeutung der Schauplätze und des Schauplatzwechsels ... 57
   Z 7   Fotos: Orte, Landschaften und ihre Symbole 59
   Z 8   Fantasiereise 62
   Z 9   Wahrnehmungsübung 63
   Z 10 Natur und Technik – Entgegensetzung oder Durchdringung zweier Prinzipien? ... 64
   Z 11 Todesverdrängung Fabers 65
   Z 12 Faber und Ivy 66
   Z 13 Faber und Sabeth 67
   Z 14 Faber und Hanna 68
   Z 15 „Homo faber" 69
   Z 16 Zum Frauenbild des Romans 70
   Z 17 Max Frisch: Mein Name sei Gantenbein 71
   Z 18 Max Frisch: Du sollst dir kein Bildnis machen 72
   Z 19 Filmkritik 73
   Z 20 Kommentierter Sequenzplan 74
   Z 21 Spiegel-Gespräch mit Volker Schlöndorff 83
   Z 22 Faber – ein moderner Ödipus? 85
   Z 23 Die Fälligkeit des Zufalls 86
   Z 24 Klausurvorschläge 87

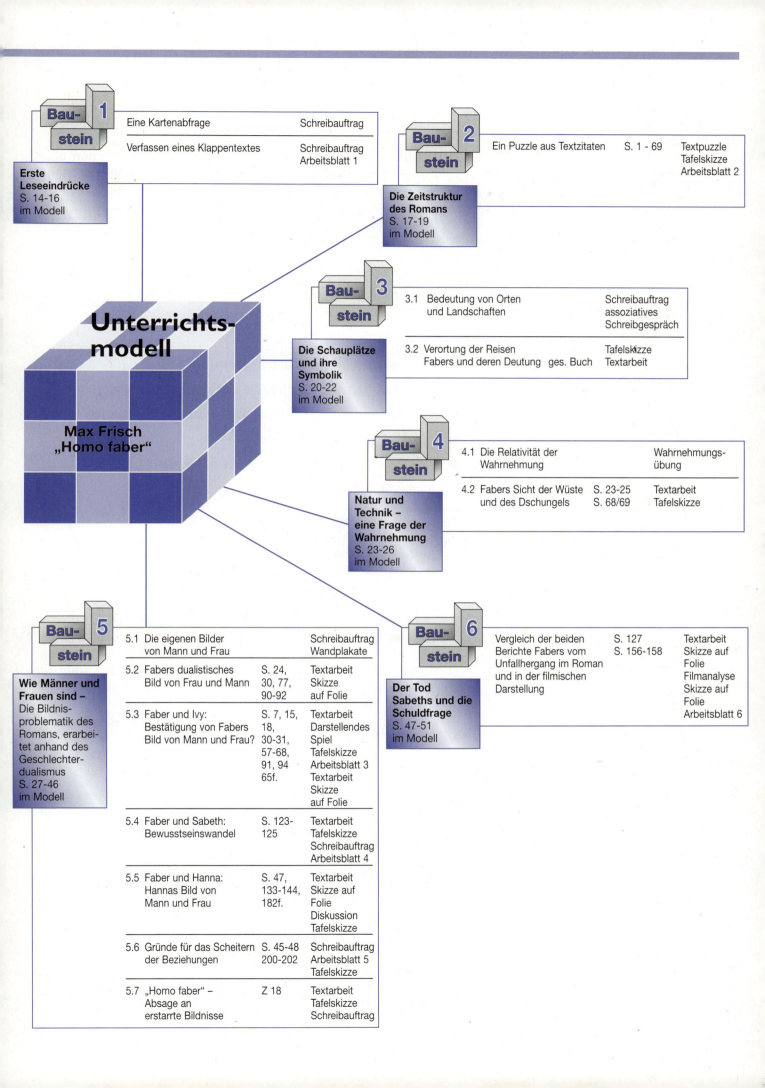

- Arbeitsfrage
- Einzelarbeit
- Partnerarbeit
- Gruppenarbeit
- Unterrichtsgespräch
- Schreibauftrag
- Szenisches Spiel
- Mal- und Zeichenauftrag
- Bastelauftrag
- Projektorientierung, offenes Unterrichtsangebot

Vorwort

Der vorliegende Band ist Teil einer Reihe, die Lehrerinnen und Lehrern erprobte und an den Bedürfnissen der Schulpraxis orientierte Unterrichtsmodelle zu ausgewählten Ganzschriften und weiteren relevanten Themen des Faches Deutsch bietet.
Im Mittelpunkt der Modelle stehen Bausteine, die jeweils thematische Schwerpunkte mit entsprechenden Untergliederungen beinhalten.
In übersichtlich gestalteter Form erhält der Benutzer/die Benutzerin zunächst einen Überblick zu den im Modell ausführlich behandelten Bausteinen.

Es folgen:

- Hinweise zu den Handlungsträgern
- Zusammenfassung des Inhalts und der Handlungsstruktur
- Vorüberlegungen zum Einsatz des Buches im Unterricht
- Hinweise zur Konzeption des Modells
- Ausführliche Darstellung der einzelnen Bausteine
- Zusatzmaterialien

Ein besonderes Merkmal der Unterrichtsmodelle ist die Praxisorientierung. Enthalten sind kopierfähige Arbeitsblätter, Vorschläge für Klassen- und Kursarbeiten, Tafelbilder, konkrete Arbeitsaufträge, Projektvorschläge. Handlungsorientierte Methoden sind in gleicher Weise berücksichtigt wie eher traditionelle Verfahren der Texterschließung und -bearbeitung.
Das Bausteinprinzip ermöglicht es dabei den Benutzern, Unterrichtsreihen in unterschiedlicher Weise und mit unterschiedlichen thematischen Akzentuierungen zu konzipieren: Auf diese Weise erleichtern die Modelle die Unterrichtsvorbereitung und tragen zu einer Entlastung der Benutzer bei.

Das vorliegende Modell bezieht sich auf folgende Textausgabe:
Max Frisch: Homo faber. Frankfurt/M.: Suhrkamp

Website
www.schoeningh.de

E-Mail
info@schoeningh.de

© 2000 Ferdinand Schöningh, Paderborn;
ab 2002 Schöningh Verlag im Westermann Schulbuchverlag GmbH,
Jühenplatz 1–3, D-33098 Paderborn

Alle Rechte vorbehalten. Dieses Werk sowie einzelne Teile desselben sind urheberrechtlich geschützt. Jede Verwertung in anderen als den gesetzlich zugelassenen Fällen ist ohne vorherige schriftliche Zustimmung des Verlages nicht zulässig.

Druck: Friedrich Pustet, Regensburg

Druck   5   4   Jahr   04   03

ISBN 3-14-022315-3

Dieses Werk folgt der reformierten Rechtschreibung und Zeichensetzung. Ausnahmen bilden Texte, bei denen künstlerische, philologische oder lizenzrechtliche Gründe einer Änderung entgegenstehen.

„Der Witz des Buches, der Kniff, sagen wir mal, ist ja der: Es ist die unwahrscheinlichste Geschichte, die man sich ersinnen kann, nicht? Da ist wirklich ein Zufall nach dem anderen: Auf dem Schiff trifft er die Tochter, er trifft den Schwager seiner Frau. [...] Wenn ich das mit Schicksalsgläubigkeit erzählen würde, so würde jeder mit Recht nach fünfzehn Seiten auflachen und sagen: ‚Das auch noch! Hab' ich's mir doch gedacht! Und wen trifft er jetzt?' [...] Und der Witz daran ist, daß ein Mensch, der in seinem Denken die Zufälligkeit postuliert, eine Schicksalsgeschichte erlebt."

(Max Frisch über sein Buch; zit. nach: Rudolf Ossowski (Hrsg.): Jugend fragt - Prominente antworten. Berlin: Colloquium-Verlag, 1975, S. 121)

Szenenbilder aus der Verfilmung des Romans „Homo faber", 1991, 1. Sammlung Volker Schlöndorff/Deutsches Filmmuseum, Frankfurt am Main.

Alle Max-Frisch-Zitate erscheinen aus lizenzrechtlichen Gründen nicht in reformierter Schreibung.

Hauptpersonen

Walter Faber: Geboren am 29.04.1907.
1933-1935 Assistent an der Züricher ETH, Freundschaft mit Hanna. 1935 Heiratsvorhaben, 1936 Trennung von Hanna und Umzug nach Bagdad (Ingenieurstätigkeit), 1946 Umzug nach New York und Arbeit als Techniker bei der UNESCO.
Faber fühlt sich als Exponent einer technizistischen Weltanschauung. Sein Beruf ist demnach nicht ein beliebiger Job, sondern für ihn der einzig mögliche und darüber hinaus „der einzigmännliche überhaupt" (77). Eine Kette von Ereignissen und ungewöhnlichen Erlebnissen, die Faber an seine Jugendliebe Hanna in Zürich erinnern, verändern die Bewusstseinslage des streng rational denkenden Technikers. Faber, der sein ganzes Leben auf Berechenbarkeit angelegt hat und Gefühlsregungen als Schwäche diffamiert, erleidet eine persönliche ‚Bruchlandung', für die der Flugzeugabsturz zu Beginn des Romans nur der äußere Anstoß ist. Faber verliebt sich – zunächst völlig ahnungslos – in seine eigene Tochter und wird in den Strudel seiner verdrängten Vergangenheit hineingezogen.

Hanna: Geborene Landsberg, Hencke (1. Ehe) – Piper (2. Ehe); Jugend in München-Schwabing, „Halbjüdin".
Als Münchener Schülerin befreundet mit dem blinden Armin, der ihr Interesse für die Antike weckt. Sie nimmt ein Studium der Kunstgeschichte in Zürich auf (1931-1935). Dort Bekanntschaft mit Faber; Schwangerschaft und Trennung von Faber. 1937 Heirat mit Joachim Hencke und Geburt der Tochter Elisabeth. 1938 Trennung von Hencke; Flucht nach Paris. 1941 Flucht nach London, dort Tätigkeit bei der BBC und Heirat mit Piper, von dem sie sich 1953 trennt. Umzug nach Athen und Mitarbeiterin am Archäologischen Institut.
Hanna beschließt, sich als alleinerziehende Mutter in der „Männergesellschaft" zu behaupten. Selbstaufopfernde Liebe zu ihrer Tochter, beruflicher Ehrgeiz, Selbstbewusstsein, aber auch Egozentrik und Härte insbesondere ihren Partnern gegenüber, sind Facetten ihres Charakters. Hannas Bilanz für ihr Leben lautet „verpfuscht" (143); als ihre Tochter stirbt, bricht sie zusammen.

Sabeth: = Elisabeth Piper, geboren 1937, gestorben 28.5.1957.
Geboren in der Schweiz; als Säugling 1938 mit ihrer Mutter nach Paris übergesiedelt und 1941 nach London gezogen. Wohnt ab 1953 mit ihrer Mutter in Athen. 1956 Stipendium an der Yale University. 22.-30.4.1957 Schiffsreise zurück nach Europa, Zusammentreffen mit (ihrem Vater) Walter Faber. Entwicklung einer Liebesbeziehung. Gemeinsame Autoreise nach Paris über Italien nach Athen. Kurz vor Athen, am Strand bei Korinth, wird Sabeth von einer Schlange gebissen und stürzt, vor dem nackten Faber zurückweichend, eine Böschung hinab. Sie stirbt an den Folgen des Sturzes.

Ivy: 26-jähriges, katholisches Mannequin, aus der Bronx stammend. Ivy, deren Namen Faber symbolträchtig mit „Efeu" übersetzt, ist die dritte Frau in Fabers Leben, der eine wichtige Rolle zukommt. Sie verkörpert den von Faber verhassten „American Way of Life": Sie lebt umgeben von Konsumgütern, kreist um ihr Aussehen, und ihr vorrangiges Lebensziel scheint zu sein, von Faber geheiratet zu werden. Faber fühlt sich bedrängt durch die Abhängigkeit und Anhänglichkeit Ivys, auch wenn er sie gleichzeitig als herzensgut beschreibt.
Die Beziehung zu Ivy steht stellvertretend für alle Frauenbeziehungen Fabers nach Hanna, die Faber „absurd" nennt.

Joachim Hencke: Stammt aus Düsseldorf, Bruder Herbert Henckes. Jugendfreund Walters und Hannas in deren Züricher Zeit; er heiratet die von Walter schwangere Hanna, die Ehe scheitert jedoch. Joachim meldet sich freiwillig zur Wehrmacht. Nach der Kriegsgefangenschaft kehrt er nach Düsseldorf zurück. Später geht er ebenfalls ins Ausland. Er lebt auf einer Farm der Hencke-Bosch GmbH im Dschungel von Guatemala. Dort wird er tot aufgefunden: Er hat sich erhängt.

Marcel: Berufsmusiker französischer Abstammung aus Boston, interessiert sich für die Indianerkultur, insbesondere für die Maya-Ruinen in Yucatan/Mexiko. Er trifft auf Walter Faber und Herbert Hencke, die er auf der Fahrt mit dem Rover nach Guatemala begleitet. Marcel verabscheut den American Way of Life und die Technik bzw. deren Scheinsieg über die „indianische Seele".

Max Frisch: Homo faber

Die Handlung und der Aufbau des Romans

Die Vorgeschichte: Sie spielt in der Zeit von 1933-37, als Faber Assistent an der ETH in Zürich ist und dort Hanna Landsberg, eine Kunststudentin aus München, kennen und lieben lernt. Als Faber ein Angebot von einer Firma in Bagdad erhält, eröffnet ihm Hanna, dass sie ein Kind erwartet. Er reagiert sehr zurückhaltend. Kurz vor der standesamtlichen Trauung weigert sich Hanna, Walter zu heiraten. Sie vereinbaren einen Schwangerschaftsabbruch, Faber geht nach Bagdad.

Die eigentliche Handlung setzt mit einer Flugreise nach Caracas ein, bei der Faber den Bruder seines Jugendfreundes Joachim kennen lernt. Nach einer Notlandung in der Wüste erhält er von ihm Informationen über Joachim und dessen frühere Frau Hanna, in der Faber seine Jugendliebe wiedererkennt. Faber unterbricht seine Dienstreise und unternimmt mit Joachims Bruder eine Suchexpedition nach dem im Dschungel verschollenen Joachim, der tot aufgefunden wird: Er hat Selbstmord verübt.

Nach einem kurzen Aufenthalt in New York unternimmt er eine Schiffsreise nach Europa, auf der er die Bekanntschaft einer jungen Studentin namens Sabeth macht. Er verliebt sich, beide unternehmen eine Autofahrt von Paris über Italien nach Athen. Kurz vor dem Ziel verunglückt das Mädchen. Sabeth ist, wie sich schrittweise enthüllt, Hannas und Fabers Tochter. Im Zusammenhang mit dem Unfall begegnet Walter Sabeths Mutter Hanna, seiner Jugendliebe. Sabeth stirbt schließlich.

Faber reist wieder ab. In einem Hotel in Caracas schreibt er das Erlebte auf. Nach einem Aufenthalt in Cuba kehrt er nach Europa zurück und kommt nach Zwischenstationen in Düsseldorf und Zürich wieder nach Athen. Faber, der während der Reisen bemüht ist seine zunehmenden Magenschmerzen zu verdrängen, erkrankt lebensbedrohlich und wird ins Krankenhaus eingeliefert. Hanna besucht ihn, Faber schreibt seine Gedanken auf. Am Morgen der Operation brechen die Aufzeichnungen ab.

Erste Station (S. 7-160)

1. Die Reisen in Amerika (S. 7-69)
   - Start, Flug und Notlandung in der Wüste Mexikos
   - Aufenthalt in der Wüste
   - Dschungelreise zur Plantage (Mexiko-City-Palenque-Guatemala), um Joachim zu suchen
   - Rückkehr nach New York: Faber und Ivy
2. Die Schiffsreise nach Europa (S. 69-96)
   - Begegnung mit Sabeth, gemeinsame Erlebnisse und Gespräche; Faber verliebt sich
3. Die Reisen in Europa (S. 96-160)
   - Aufenthalt in Paris, Wiedersehen mit Sabeth (S. 96-107)
   - Faber und Sabeth reisen mit dem Auto nach Italien, sie sind ein Liebespaar. Faber erkennt in Sabeths Mutter seine Jugendliebe wieder (S. 107-125)
   - Reise nach Korinth und der Unfall (S. 125-130)
   - Athen: Sabeth im Krankenhaus, Treffen zwischen Hanna und Walter, Tod Sabeths (135-160)

Zweite Station (S. 161-203)

1. Reisetagebuch (S. 161-198)
   - Faber kehrt nach New York zurück: Desorientierung
   - Zweite Reise nach Caracas und Besuch auf der Plantage, Faber ist wegen Magenschmerzen arbeitsunfähig, im Hotel schreibt er das Erlebte auf
   - Aufenthalt in Cuba
2. Krankenhaustagebuch (S. 161-198)
   Gedanken über seine Krankheit, über Hanna und ihr Verhalten, über die Vergangenheit; Hanna besucht ihn
3. Handschriftliche Aufzeichnungen der letzten Nacht (S. 198-203)
   Innerer und äußerer Zusammenbruch, Versuch einer Neuorientierung

Max Frisch: Homo faber

Vorüberlegungen zum Einsatz des Buches im Unterricht

„Homo faber" gehört mittlerweile zu den „klassischen" Schullektüren, die in der Oberstufe gelesen werden. Das hier vorgestellte Unterrichtsmodell macht einen Einsatz schon in der Klasse 11 möglich, weil z.B. gattungstypologische Fragestellungen, literaturgeschichtliche Verortungen und Vergleiche zunächst ausgespart worden sind. Soll der Roman am Ende der Sekundarstufe II gelesen werden, könnten diese Aspekte ergänzend berücksichtigt werden.

Der Roman erfüllt eine Reihe von Anforderungen an Schullektüren, die wir als mögliche Auswahlkriterien einbezogen haben: Der Umfang des Romans ist überschaubar und Sprache sowie Gedankenwelt des Romans bilden keine größeren Zugangsbarrieren; die Thematik des Romans ist nach wie vor hochaktuell, denn der Roman ist eine Auseinandersetzung mit dem zweckrationalen Handlungstyp der modernen Gesellschaften, der von Faber als „einzigmännlich" vorgeführt wird. Die jugendlichen Leser begegnen im Roman einer von naturwissenschaftlichen Erklärungsmustern geprägten Welt, in der sie selbst leben. Das Sujet Technik bzw. die Technikkritik des Romans ist angesichts der Fragen von Umweltzerstörung und verantwortlicher Gestaltung der Zukunft jedem Schüler heute vermittelbar.

Frischs Hauptthema, das Dilemma von Identität und Rolle, könnte auch als Hauptthema des Erwachsenwerdens bezeichnet werden. Dabei kreuzt sich die Rollenproblematik mit dem Verständnis der Geschlechterrollen, was den Roman für Jugendliche – alle auch „Kinder" der Emanzipationszeit – besonders interessant machen dürfte: der „Homo faber", ein „Macher" ... ein „Macho"? Da Schüler unserer Erfahrung nach am besten über die Geschlechterfrage einen Zugang zum Roman finden, bildet der Baustein 5, der dieser Frage nachgeht, den Schwerpunkt des Unterrichtsmodells. Die Figuren im Roman verfügen über klischeehafte Vorstellungen vom jeweils anderen Geschlecht, Vorstellungen, mit denen sich jeder Jugendliche auf der Suche nach der eigenen geschlechtsspezifischen Identität auseinander setzt, Vorstellungen, deren „Knackpunkte" der Roman verdeutlicht, indem sie als eine Hauptursache für das Scheitern der Beziehungen zwischen Mann und Frau vorgeführt werden. Angesichts der zunehmenden Bedeutung der Zweierbeziehung, die nach Beck-Gernsheim die Funktion einer Religion in den modernen Gesellschaften übernimmt, geraten Fragen des Miteinanders von Mann und Frau zu Schlüsselproblemen des modernen Menschen. Scheitern oder Gelingen einer Biografie entscheidet sich zunehmend im privaten Bereich, da in der modernen Gesellschaft traditionelle Bezüge, die dem Individuum Halt und Stabilität vermittelten, der Erosion unterliegen. Chance wie Zwang als Herausforderung der pluralen Gesellschaft, den eigenen Lebensentwurf zu kreieren, weisen der Zweierbeziehung einen Stellenwert zu, der zur Belastungsprobe wird. Die Darstellung der verfehlten Lebenskonzepte der Romanfiguren könnte wichtige Mechanismen im Gegen- bzw. Miteinander der Geschlechter verdeutlichen. Hierbei eröffnet die Auseinandersetzung mit Literatur eine Art Probehandeln, um klischeebestimmte Sichtweisen, die Begegnung zwischen den Geschlechtern verhindern, zu hinterfragen.

Mit Blick auf handlungs- und produktionsorientierte Verfahren bietet sich der Roman gerade wegen der vielfältigen Anknüpfungspunkte für die Identifikation an. Die Unterrichtseinheit, die hier vorgestellt wird, braucht als Voraussetzung die Lektüre des ganzen Romans vorab. Es bietet sich an, einige Wochen vor Beginn der Besprechung des Romans im Unterricht, gemeinsam in den Roman einzusteigen (Klärung des Titels, Lektüre des Romananfangs, Assoziationen zur weiteren Handlung, erste Eindrücke von der Hauptperson Faber etc.). Dabei ist es auch möglich, die thematischen Bausteine durch Fragen, die lesebegleitend beantwortet werden sollen, vorzubereiten.

Hilfreich zur Verständnisklärung und zur Erarbeitung einer inhaltlichen Gliederung wäre es, wenn lesebegleitend die Reiserouten Fabers auf der sich im Zusatzmaterial befindenden Karte (Z 5, S. 56) nachvollzogen werden und die Schülerinnen und Schüler die Stationen der Reisen unter Angabe der entsprechenden Seitenzahlen notieren (Arbeitsauftrag siehe Baustein 3, S. 22). Mit einem Quiz (vgl. Zusatzmaterial 1, S. 52) lässt sich spielerisch die Kenntnis der Lektüre abprüfen.

Die anschließende Besprechung im Unterricht wird immer wieder auf einzelne Textpassagen Bezug nehmen, sodass ein intensiveres Textstudium auf die Primärrezeption folgt.

Die problemorientierte Herangehensweise in den Bausteinen 3, 4 und 5 schlägt eine Brücke auch zu anderen Fächern. In Absprache mit dem Politik- bzw. Sozialkundeunterricht (Sozialwissenschaften), aber auch mit dem Religionsunterricht oder dem Fach Ethik könnte gemeinsam z.B. folgenden Themen nachgegangen werden:

- Zukunft und Verantwortung
- Technische Entwicklung, Naturwissenschaft und Ethik
- Soziale Rollen und Identität
- Mann und Frau: Rollenvorstellungen ... „Geschlechterkampf" ...
- Partnerschaft: individuelle Erwartungen und gesellschaftliche Bedingungen ...

Die dem Unterrichtsmodell beigefügten zusätzlichen Materialien können nach Bedarf in den Unterrichtsverlauf integriert werden. Wenn sich eine Verwendung im Rahmen der Bausteine empfiehlt, wird an entsprechender Stelle auf das jeweilige Zusatzmaterial verwiesen. Klausurvorschläge finden sich ebenfalls in diesem Anhang.

Im Folgenden soll noch auf eine Auswahl weiterführender Materialien verwiesen werden, die sich für die Besprechung des „Homo faber" eignen. Dabei sollen Unterrichtsmaterialien, Sekundärliteratur zum Roman wie auch Sachbücher, die gerade für einen fächerübergreifenden Unterricht herangezogen werden könnten, Erwähnung finden:

Unterrichtsmaterialien:

Deutsch betrifft uns: ‚Homo faber' von Max Frisch. Aus der Werkstatt eines Dichters. 4 / 1993

Junge, G.: ‚Homo faber' – oder: Ein Mann wird geknackt. In: Diskussion Deutsch 16 / 1985

Meurer, R.: Max Frisch, Homo faber. Oldenbourg Interpretationen. München: Oldenbourg 1988

Sekundärliteratur zum Roman:

Eisenbeis, M.: Max Frischs ‚Homo faber'. Lektürehilfen. Stuttgart / Dresden: Klett Verlag 1995

Knapp, M. / Knapp, G.: Max Frisch, Homo faber. Grundlagen und Gedanken zum Verständnis erzählender Literatur. Frankfurt/M.: Diesterweg 1993

Schmitz. W.: Max Frisch, Homo faber. Materialien. Frankfurt a. M.: Suhrkamp 1983

Sachbücher/ fächerübergreifende Materialien:

Gernsheim-Beck, E. / Beck, U.: Das ganz normale Chaos der Liebe. Frankfurt a. M.: Suhrkamp 1990
Spiegel spezial: Mann + Frau = Krise, 1998
Simone de Beauvoir: Das andere Geschlecht. Reinbek bei Hamburg: Rowohlt 1968.

Zum Schluss sei auf die Verfilmung des Romans von Volker Schlöndorff hingewiesen, die auch Bestandteil des letzten Bausteins ist.

Konzeption des Unterrichtsmodells

Problematisiert Frisch in seinem Roman die Eindimensionalität des modernen, einseitig an der Rationalität orientierten Welt- und Menschenbildes zu Recht, so erschiene es paradox, den Roman in einseitig kognitiver Weise im Unterricht zum Thema machen zu wollen. Sollen Form und Inhalt des Unterrichts nicht auseinander klaffen, so müssen auch Formen des Unterrichts gewählt werden, die Raum für Fantasie, Intuition und Körperlichkeit lassen. Der Unterricht soll dem Schüler Freiräume eröffnen, sich vom eigenen Denken und Fühlen dem Text zu nähern. Hierfür scheinen uns handlungs- und produktionsorientierte Verfahren besonders geeignet.

Die produktiven Verfahren stellen jedoch keinen Selbstzweck dar, sondern sie sollen die Schüler in eine intensive, analytische Konfrontation mit dem Text verstricken.

Produktive und analytische Verfahren sollen so verbunden werden, dass die subjektive, mitschaffende Fantasie der Schüler Raum gewinnt, jedoch auf den Text zurückbezogen wird, um das sinnkritische Potenzial des Romans, das konventionalisierte Denkschemata destruiert, zur Geltung zu bringen.

Inhaltlich setzt das Unterrichtsvorhaben zum „Homo faber" Akzente dort, wo Lücken in der literaturwissenschaftlichen und didaktischen Literatur zum „Homo faber" bestehen. Den inhaltlichen Schwerpunkt der Konzeption bildet der **Baustein 5** mit der Erarbeitung des Verhältnisses Fabers zu den zentralen Frauenfiguren des Romans sowie der Bildnisproblematik, die für Frischs Werk zentral ist.

Hinführend werden nach Abfrage der Primärrezeption in **Baustein 1** in **Baustein 2** die Zeitstruktur des Romans sowie in **Baustein 3** die Symbolik der Räume erarbeitet.

Baustein 4 widmet sich dem Antagonismus Technik-Natur, der in dem Antagonismus Mann-Frau wieder entdeckt werden wird. Da zu diesem Themenaspekt bereits zahlreiche didaktische Ausarbeitungen vorliegen, wird hier nur die Wahrnehmung der Natur herausgegriffen, in der sich Fabers Weltanschauung veräußert. Einige theoretische Texte zur Vertiefung finden sich aber im Zusatzmaterial.

Den Abschluss des Unterrichtsvorhabens bildet der **Baustein 6**, die Beschäftigung mit der Schuldfrage, in dem die Darstellung von Sabeths Unfall im Roman mit der Realisierung in V. Schlöndorffs gleichnamigen Film verglichen wird. Die Darstellung der Schuld Fabers im Roman wird auf dem Hintergrund der Akzentuierungen des Filmes, der Faber exkulpiert, besonders deutlich. Eine umfassende Analyse von Roman und Film leistet das Unterrichtsvorhaben nicht. Wer hier Akzente setzen möchte, findet entsprechende Hinweise in Baustein 6.

Die thematischen Bausteine des Unterrichtsmodells

 **Möglige Einstiege**

Eine Kartenabfrage – Verfassen eines Klappentextes:

Der erste Leseeindruck kann mithilfe einer Kartenabfrage eingefangen und systematisiert werden.

Die Schüler und Schülerinnen erhalten vorbereitete Karten (vgl. Arbeitsblatt 1, S. 16) und den Auftrag, ihre positiven und negativen Leseeindrücke stichwortartig zu notieren (für jeden Gesichtspunkt eine eigene Karte verwenden!).
Nun setzen sich alle in einem Gesprächskreis zusammen und die Karten werden in die Mitte des Stuhlkreises gelegt.

❒ *Was wurde bei der Lektüre als positiv, was als negativ empfunden?*

Nach dieser groben Systematisierung werden die Karten in einem zweiten Durchgang nach übergeordneten Kriterien sortiert (Erzählstil, Story, Faber, andere Charaktere, Spannung, Erzählfolge etc...).

❒ *Nennen Sie inhaltliche Kriterien, nach denen wir die Karten sortieren könnten. Ordnen Sie die Karten zu.*

Die Karten werden nach der Metaplanmethode (Gruppierung der Karten nach Aspekten) auf ein großes Wandplakat geklebt, das an die Wand des Kursraumes gehängt wird. Der Arbeitsauftrag für die dann folgende Schreibphase lautet:

❒ *Verfassen Sie für das Buch einen Klappentext, in dem die Äußerungen Ihrer Karten, die Ihnen wesentlich erscheinen, auftauchen.*

Die Schreibzeit sollte 15 Minuten nicht überschreiten. Jeder Schüler liest dann seinen Text in der Klasse vor. Die Stunde schließt mit einer Reflexion der Methode „Kartenabfrage".

Das stumme Schreibgespräch

Alternativ wäre es denkbar, die Form eines „stummen Schreibgesprächs" zu wählen, um die verschiedenen Eindrücke hinsichtlich der Figur Fabers einzuholen. Die Arbeit erfolgt in Gruppen (bis zu 4 Schüler und Schülerinnen pro Gruppe). Jede Gruppe erhält vorbereitete große Plakate und Stifte unterschiedlicher Farbe werden an die Gruppenteilnehmer ausgegeben.
Auf einer Folie wird folgende Vorgehensweise notiert und für alle sichtbar gemacht:

> 10 Minuten: Schreiben Sie Ihre Gedanken und Einschätzung zur Person Fabers auf die Plakate. Vermeiden Sie es, zu sprechen.
>
> 10 Minuten: Treten Sie in einen stummen(!) Dialog mit Ihren Gruppenmitgliedern, indem Sie deren Niederschrift auf dem Plakat kommentieren.
>
> 10 Minuten: Diskutieren Sie im Anschluss in der Gruppe Ihre Ergebnisse und bereiten Sie sich für eine kurze Präsentation im Plenum vor.

Im Plenum werden anschließend die einzelnen Ergebnisse vorgestellt. Möglich ist auch, die Plakate an den Wänden des Klassenzimmers aufzuhängen und zunächst den Schülern die Gelegenheit zu geben, die Plakate der anderen Gruppen zu betrachten. Der Lehrer oder ein Schüler übernimmt die Aufgabe, die wichtigsten Punkte der Präsentation auf Folie festzuhalten. Am Ende der Stunde sollte Zeit zur Reflexion der Methode „Kartenabfrage" bzw. „stummes Schreibgespräch" bleiben.

❐ *Wie sind wir vorgegangen? Was haben wir erreicht?*

Analyse des Romananfangs

Eine Analyse des Romananfangs hätte vor der Erteilung des Leseauftrags die Funktion, auf die Lektüre Appetit zu machen und eine kritische Lesehaltung anzuregen. Es ist aber auch möglich, nach Abschluss der häuslichen Lektüre gemeinsam mit dem Romananfang einzusteigen. Hier könnte der Schwerpunkt auf den Absturz (S. 14–21) gelegt werden.

Erfahrungsgemäß lesen Schüler – gerade zu Beginn einer Unterrichtsreihe – gerne laut vor: S. 7–21 oder S. 14–21 (Konzentration auf den Absturz). Nach einer ersten Orientierung über das inhaltliche Geschehen rückt die Hauptfigur Faber ins Zentrum. Die Schüler erhalten den Analyseauftrag, den sie in Kleingruppen bearbeiten:

❐ *Welchen Eindruck haben Sie von der Hauptfigur? Was erfährt der Leser über ihn? Halten Sie Ihre Ergebnisse stichwortartig fest.*

Es folgt ein offenes Unterrichtsgespräch, in dem sich erfahrungsgemäß eine kritische Sichtweise Fabers herauskristallisiert, da ihm die Schüler seine überzogene Selbstbeherrschung nicht abnehmen. Ansonsten können die Schüler auch durch die Frage provoziert werden, wie es ihnen in einer solchen Situation ergangen wäre.

Die Ergebnisse können in einer Gegenüberstellung zusammengefasst werden:

Die Hauptfigur Faber und die Vorstellung, die ...

... Faber von sich vermittelt		... sich der Leser von Faber macht
macht sich nichts aus Träumen	⇔	Traum verrät seine Angst, auch vor dem Alter
hasst Sentimentalitäten	⇔	verdrängt Gefühle
ist überlegen, beherrscht	⇔	ist unruhig („bloß um zu reden")
erzählt launige Geschichten	⇔	überspielt seine Angst (Körpersprache)
bleibt auch beim Absturz ruhig und beherrscht	⇔	ist panisch

⇒ Beschwören von Normalität („wie üblich")
Ausnahmesituation nicht zugelassen

Im Anschluss sollte gemeinsam überlegt werden, warum Faber sich selbst etwas vormacht und auch, wodurch der Leser misstrauisch wird. Sollte der Erzählanfang als Vorbereitung auf das häusliche Lesen erarbeitet werden, empfiehlt es sich, nach den Folgen für die eigene Lesehaltung zu fragen:

❐ *Welche Konsequenzen hat es für die Lektüre, dass man dem Ich-Erzähler in seiner Schilderung nicht blind vertrauen kann?*

Die ersten Leseeindrücke

Baustein 1 / Arbeitsblatt 1

Was hat Ihnen an der Lektüre gefallen?

Was hat Ihnen an der Lektüre nicht gefallen?

Fragen und Themen, denen Sie im Verlauf der Reihe nachgehen wollen

Die Zeitstruktur des Romans

In Max Frischs „Homo faber" werden die Ereignisse durch den Erzähler Faber nicht chronologisch, sondern in höchst komplizierter Montage dargeboten. Anders als in der Epik des neunzehnten Jahrhunderts, in der ein meist auktorialer Erzähler die Ereignisse in der Reihenfolge ihres zeitlichen Ablaufs schildert, ist den Erzählern der Moderne die Zeit problematisch geworden. In Faber begegnet dem Leser kein allwissend-souveräner Erzähler, der – sein Leben im Griff habend – die Geschichte so erzählt, dass Ordnung in die Ereignisse kommt. Das Gegenteil ist der Fall. Obwohl Faber sich zwanghaft um Datierung der Ereignisse bemüht und versucht Ordnung herzustellen, tritt durch die vielfältig ineinander verkeilten Zeitebenen sowie durch das Chaos der Daten die Verwirrung und Desorientiertheit des Subjekts Faber nur umso schärfer hervor. Bestimmend für die Erzählfolge ist nicht die Chronologie der Ereignisse, sondern der psychische Prozess, den Faber während der Abfassung seines „Berichts" durchläuft. Faber umschreibt die Ereignisse, Bedrängendes wird zunächst ausgespart, und doch bricht sich das Unbewusste Bahn; geradezu zwanghaft kehrt Faber zu den ihn bedrängenden Ereignissen zurück, assoziativ springt er von Erinnerung zu Erinnerung und erst langsam enthüllt sich das eigentliche Geschehen.

Fünf Ebenen der Zeit lassen sich unterscheiden:

1. Die Zeit vor dem 24.3.54, die Ereignisse aus Fabers Züricher Assistentenzeit.

2. Die jüngere Vergangenheit des Erzählers, die den Zeitraum vom 24.3.-28.5.57 umfasst.

3. Reflexionen, Vorausdeutungen, Einschübe, Rückblenden aus der Erzählgegenwart der „ersten Station" während des Krankenhausaufenthaltes in Caracas (20.6.-8.7.57).

4. Die Erzählvergangenheit der „zweiten Station", die Zeit der zweiten Amerikareise bis zur Rückkehr Fabers nach Athen (vom 1.6.-18.7.57).

5. Die Gegenwart des Erzählers der „zweiten Station": Die Krankenhauszeit in Athen vom 19.7.57 bis zum Operationstag Ende August.

Diese fünf Zeitebenen zu entwirren empfinden die Schüler erfahrungsgemäß als sehr mühsam und verwirrend. Insofern muss im Unterricht einerseits der Versuch einer Systematisierung der Handlungsfolge vorgenommen werden, andererseits muss ergründet werden, wieso die Erzählreihenfolge von einer chronologischen abweicht. Eine Systematisierung erfolgt in dieser Reihenplanung übrigens auch im Baustein 3, wenn die Reiserouten rekonstruiert werden. Der für Faber typische „Nachholstil" wird eingehend auch in Baustein 6 erarbeitet (Analyse der Unfalldarstellung im Roman).

Baustein 2: Die Zeitstruktur des Romans

Ein Puzzle von Textzitaten aus den ersten siebzig Seiten (vgl. Arbeitsblatt 2, S. 19) kann als Einstieg dienen, die Primärrezeption abzurufen, zu ordnen und die Funktion der Abfolge zu klären. Dazu erhalten die Schülerinnen und Schüler folgenden Auftrag:

❐ *Ordnen Sie die Textstellen in der Reihenfolge, in der sie im Roman vorkommen. Was fällt bei dieser Abfolge auf?*

Die Lösung des Puzzles sieht folgendermaßen aus:

Seitenzahlen: a, 44 b, 57 c, 22 d, 33 e, 45 f, 7 g, 49 h, 57 i, 55 j, 68-69 k, 69;

Abfolge im Roman: f-c-d-e-a-g-i-b-h-j-k;

chronologische Abfolge: e-h-f-c-d-a-g-i-j-b-k

Es bietet sich an, die Zitate auf Folie zu kopieren und die Elemente durch einen Schüler in die Erzählabfolge des Romans bringen zu lassen. Dabei sollen die Textstellen kurz inhaltlich erläutert werden. Im Anschluss daran wird offenkundig, dass die Abfolge nicht chronologisch erfolgt. Dann sollte die chronologische Reihenfolge mit der im Roman kontrastiert (Nummerierung der Elemente nach zeitlicher Abfolge) und nach Gründen für diese Verschachtelung gesucht werden.

Die Ergebnisse des Unterrichtsgesprächs können in folgendem Tafelbild zusammengefasst werden:

Die Erzählabfolge im Roman

Faber berichtet nicht in chronologischer Abfolge, sondern im Nachholstil!

⇑

- Dynamik des Erinnerns
- Aussparung von Unangenehmem
- Verdrängung

Abschließend könnte den Schülerinnen und Schülern zur Orientierung der „Zeitstrahl" (Zusatzmaterial 3, S. 54) ausgegeben und besprochen werden. Diesen selbst erarbeiten zu lassen erscheint aufgrund der komplizierten zeitlichen Verweistechnik im Roman als Überforderung.

Die Erzählfolge im Roman – ein Puzzle aus Textzitaten

Baustein 2
Arbeitsblatt 2

a „Endlich unser Landrover!"

b „20.IV. Abflug von Caracas. 21.IV. Ankunft in New York, Idlewild. Ivy stellt mich an der Schranke..."

c „Unser Aufenthalt in der Wüste von Tamaulipas, Mexico, dauerte vier Tage und drei Nächte."

d „Mein Entschluß, eine Dienstreise einfach zu ändern und einen privaten Umweg über Guatemala zu machen, bloß um einen alten Jugendfreund wiederzusehen, fiel auf dem neuen Flugplatz Mexico-City."

e „Hanna hatte Deutschland verlassen müssen und studierte damals Kunstgeschichte. [...] Im Grunde war es Hanna, die damals nicht heiraten wollte; ich war bereit dazu."

f „Wir starteten in La Guardia, New York, mit dreistündiger Verspätung infolge Schneestürmen. Unsere Maschine war, wie üblich auf dieser Strecke, eine Super-Constellation."

g „Die Strecke zwischen Palenque und der Plantage beträgt kaum siebzig Meilen...."

h „Die Woche darauf, meine letzte in Zürich, war abscheulich. Es war Hanna, die nicht heiraten wollte. Und ich hatte keine Wahl, ich mußte nach Bagdad...."

i „Er hatte es mit einem Draht gemacht. [...] Wir fotografierten und bestatteten ihn."

j „Wir hätten Joachim nicht in der Erde begraben sollen. [...] Auf unserer Rückfahrt damals machten wir überhaupt keinen Stopp, ausgenommen in der Nacht, weil es zum Fahren einfach zu finster war ohne Mond."

k „Es war kurz nach der Ausfahrt, als ich das Mädchen mit dem blonden Roßschwanz zum ersten Mal erblickte."

Textstellen S. 1-69

Ordnen Sie die Textstellen in der Reihenfolge, in der sie im Roman vorkommen! Was fällt bei dieser Abfolge auf?

(Aus lizenzrechtlichen Gründen in nicht reformierter Schreibung)

Baustein 3: Die Schauplätze und ihre Symbolik

Die Schauplätze und ihre Symbolik

Dem abrupten Wechsel der Zeitebenen entspricht der wiederholte Wechsel der Schauplätze des Geschehens. Von Berufs wegen bereist Faber die ganze Welt, er ist überall zu Hause und nirgends.

Die Schauplätze lassen sich drei Polen zuordnen: Plätze, auf denen Faber meint sich auf dem sicheren Terrain der Technik zu bewegen (das Flugzeug, New York, das Schiff, das Auto), Landschaften, die Faber mit Natur und Tod konfrontieren (Dschungel, Wüste, griechischer Strand, La Habana, Alpenlandschaft) sowie Orte Südeuropas (Italien und Griechenland), die die Bereiche Mythos und Kunst repräsentieren.

Die Schauplätze und ihre Symbolik

Nordamerika	Südamerika (Dschungel)	Südeuropa
Technik	Natur	Mythos
Zivilisation	Tod	Kunst
Fortschritt ⇐	Verunsicherung, Krise ⇒	Vergangenheit

Die zugehörigen Personen

| Faber, Ivy | Marcel | Hanna |

Der Kontrast der Pole New York – Dschungel ist Ausdruck für Fabers Hin- und Hergerissensein zwischen Technik und Natur, Bewusstem und Unbewusstem, Rationalität und einbrechender Irrationalität. Er treibt Faber in die Krise bzw. Faber setzt sich selbst der ungezähmten kreatürlichen Natur Südamerikas aus, vielleicht weil diese mit seinem Chaos im Inneren korrespondiert.

In dieser Unterrichtseinheit soll der Inhalt über eine Verortung der verschachtelt berichteten Handlung systematisiert werden und die Sinnfälligkeit, die Symbolik der Topografie erarbeitet werden. Damit erhalten die Schülerinnen und Schüler ein Instrument der Gliederung des hinsichtlich der Erzählstruktur hochkomplexen Romans. Gleichzeitig sollen ihnen die Reiserouten Fabers nicht als beliebige erscheinen, sondern als „fällige": Faber begibt sich in Landschaften verdrängter Persönlichkeitsschichten, ihm begegnen Menschen, deren Weltanschauung durch diese Schauplätze repräsentiert werden.

Zur Vorbereitung dieser Unterrichtseinheit soll lesebegleitend anhand der sich im Zusatzmaterial 5 (S. 56) befindenden Karte der Schauplatzwechsel nachvollzogen werden (vgl. Vorüberlegungen zum Einsatz des Buches):

❐ *Verfolgen Sie die Reisen Fabers auf der Karte. Halten Sie die einzelnen Reisen mit den verschiedenen Stationen unter Angabe der Seitenzahl schriftlich stichpunktartig fest.*

3.1 ❐ Bedeutung von Orten und Landschaften – ein assoziatives Schreibgespräch

Ausgangspunkt und Basis für die Erarbeitung der Schauplätze sollen die Assoziationen der Schüler sein, damit ihnen ausgehend von der eigenen Erkenntnis der Symbolik bestimmter Orte bzw. Landschaften die Sinnfälligkeit der Reisen Fabers deutlich wird. Die Schüler sollen in Form eines stummen Schreibgesprächs zu drei Abbildungen ihre Gedanken sammeln und auswerten: moderne Großstadt – Dschungel – antike Ruinenstadt (siehe Zusatzmaterial 7, S. 59-61). Mit diesen Abbildungen sind die drei Bereiche, die für Faber relevant werden (siehe Tabelle S. 19), repräsentiert. Vorbereitend werden die Fotos vergrößert und auf Plakate aufgeklebt, sodass die Assoziationen rundherum eingetragen werden können. Zur Strukturierung des Schreibgesprächs kann folgender Ablauf auf Folie vorgegeben werden:

---

2 Minuten:

Schauen Sie sich die Abbildungen jeder für sich an und lassen Sie Ihren Gedanken freien Lauf, während Sie sich vorstellen, Sie wären an diesem Ort.

5 Minuten:

Notieren Sie nun ohne zu sprechen Ihre Gedanken und Assoziationen auf dem Plakat. Sie können dabei auch auf bereits notierte Einfälle anderer Gruppenmitglieder eingehen.

5 Minuten:

Besprechen Sie nun gemeinsam ihre Assoziationen, suchen Sie nach Übereinstimmungen und Abweichungen. Bereiten Sie sich auf eine kurze Präsentation im Plenum vor.

Für die erste Phase wäre alternativ auch eine Fantasiereise einsetzbar (vgl. Zusatzmaterial 8, S. 62).

Im Anschluss an die Gruppenarbeit sollen die Gruppenergebnisse zusammengefasst vorgestellt werden, wobei Kommentaren anderer Gruppen unbedingt Raum gegeben werden sollte. Zweierlei dürfte deutlich geworden sein:

1. Räume haben bestimmte Bedeutungen.
2. Diese Bedeutungen sind kollektiv (Übereinstimmungen) oder auch durch individuelle Erfahrungen geprägt (Abweichungen).

Als Sicherung dieser Phase sollten gemeinsam geteilte Assoziationen farbig auf den Plakaten hervorgehoben werden. Dies scheint sinnvoll, weil sich von diesen Vorstellungen her die Symbolik der Räume im Roman erschließen wird.

3.2 ☐ Verortung der Reisen Fabers und deren Deutung

Anschließend wird der lesebegleitende Arbeitsauftrag (vgl. S. 11, Vorüberlegungen zum Einsatz des Buches und S. 20, Einleitung zu Baustein 3) abgerufen. Dazu empfiehlt es sich, dass die Karte aus dem Zusatzmaterial 5, S. 56 auf Folie kopiert wird. Natürlich kann auch Kartenmaterial aus dem Erdkundeunterricht eingesetzt werden. Nun sollen die Reiserouten Fabers durch Schüler anhand der Karte veranschaulicht werden und sukzessiv die einzelnen Stationen an der Tafel mitnotiert werden. Ergebnis könnte eine vereinfachte Übersicht sein, wie sie hier auf S. 8 f. (Geschichte und Aufbau des Romans) aufgeführt ist. Um das Textverständnis zu sichern, sollte der Lehrer oder die Lehrerin insistieren, dass die Reisen Fabers kurz inhaltlich gefüllt werden.

Im Folgenden werden die Assoziationen der Schüler zu einzelnen Orten bzw. Landschaften und die erarbeiteten Reiserouten Fabers aufeinander bezogen. Dies kann im Unterrichtsgespräch erfolgen:

- ☐ *Wo begegnet Faber auf seinen Reisen solchen Orten (auf Plakate verweisen)?*
- ☐ *Mit welchen Vorstellungen und Gefühlen ist er dabei konfrontiert?*
- ☐ *Welchen Menschen begegnet er dort?*

Nachdem die Bedeutung einzelner Reisestationen erschlossen ist, sollte dann eine Gesamtdeutung von Fabers Reiserouten erfolgen, der ja den „sicheren" Boden Nordamerikas verlässt, sich selber mit der ungezähmten Natur Südamerikas konfrontiert und als Endstation jeweils in Athen, am Ort der Scherben der Vergangenheit (Roman S. 139), landet. Die Ergebnisse werden in einem Tafelbild gesichert, das wie die Tabelle in der Einleitung dieses Bausteins aufgebaut sein könnte.

Es könnte sich eine vertiefende Textanalyse anschließen, bei der Fabers Erleben New Yorks, des Dschungels und z.B. Roms untersucht wird. Da aber Schlüsseltextstellen im Baustein 4 unter der Fragestellung der Wahrnehmung dieser Orte durch den Techniker Faber einbezogen werden, kann an dieser Stelle auch darauf verzichtet werden.

Zur Vertiefung der Auseinandersetzung mit der Symbolik der Räume kann auch der Text aus der Sekundärliteratur im Zusatzmaterial 6 (S. 57 f.) eingesetzt werden.

Natur und Technik – eine Frage der Wahrnehmung

Faber arbeitet als Ingenieur für die UNESCO: Für ihn ist der Beruf des Technikers der einzig mögliche. Dabei betrachtet er die Technik nicht als Mittel zu einem höheren humanen Zweck, sondern in der schlichten Symptomatik des Technokraten: Alles muss funktionieren. Das Wahrnehmungsmuster des Technikers bestimmt so die Weltsicht Fabers, gleichzeitig bestimmt die technisch organisierte Welt seine Wahrnehmung und sein Selbstkonzept. Alles, was nicht in dieses geschlossene Bild passt, versucht er mit seinem Denken in Oppositionen zu nivellieren, zu diffamieren oder zu verdrängen: Er selbst, der gewohnt ist, „die Dinge zu sehen, wie sie sind" (S. 249), ist überzeugt objektiv wahrzunehmen, die Wahrnehmung anderer sei „hysterisch", unzurechnungsfähig, mystifizierend oder gar ein Zeichen von Angst. Der Leser erkennt aber, dass es Fabers eigene Angst vor dem Erleben-Müssen ist, die ihn alles auf die rationale Komponente verkürzen lässt. In der Natur begegnet dem Techniker Faber eine feindliche Macht, die es zu besiegen gilt. Er versucht sich mit technischen Mitteln zu wehren, die Natur setzt ihn aber schachmatt: In der Wüste funktioniert sein Rasierapparat nicht, im Dschungel fährt sich der Landrover fest und Faber ist für Umkehren. Die Verunsicherung, die Faber in der Wüste erfährt, wird im Dschungel bis hin zu einer vollständigen Lähmung gesteigert („unfähig zu irgendeinem Entschluss", S. 37). Für Faber präsentiert sich die Dschungelnatur als aggressiver Feind; in ihr tritt ihm das Kreatürliche unmittelbar entgegen („Brunst oder Todesangst, man weiß es nicht", S. 42). Faber empfindet Ekel und Abscheu, nichts mehr ist von dem Versuch einer objektivierenden Sichtweise spürbar. Fabers affektive Sichtweise der Dschungelnatur rührt daher, dass diese ihn mit verdrängten Persönlichkeitsanteilen konfrontiert. Triebe, Gefühle und Ängste projiziert Faber in sie: „ [...] Tümpel voller Molche, nichts als Köpfe mit zuckenden Schwänzchen wie ein Gewimmel von Spermatozoen, genau so – grauenhaft! (Ich möchte kremiert werden!)" (S. 68).

4.1 ☐ Die Relativität der Wahrnehmung

Fabers Selbstkonzept und dessen Scheitern werden in der Wahrnehmung der Natur fassbar und sollen an exemplarischen Textstellen gemeinsam erarbeitet werden. Ähnlich wie im Baustein 3 soll bei den Wahrnehmungen der Schülerinnen und Schüler angesetzt werden, indem eine Wahrnehmungsübung der inhaltlichen Erarbeitung vorangestellt wird, die die Möglichkeit ganz unterschiedlicher Wahrnehmungen vorführt und spezifische Wahrnehmungsstrukturen und -faktoren aufzeigt. Dieses Experiment ist Ausgangs- und Bezugspunkt der Unterrichtssequenz.

Die sich im Zusatzmaterial 9, S. 63 befindenden Abbildungen werden auf Folie kopiert. Den Schülern wird zunächst das obere linke Bild gezeigt:

☐ *Was erkennen Sie darin?*

Nur sehr wenige Schüler werden den Kerzenständer in der Mitte wahrnehmen, denn die fantastischen Figuren binden die Aufmerksamkeit des Betrachters. Eine grundlegende Ordnungsleistung wird hier wirksam, nämlich die Gliederung wahrgenommener Reize in Figur und Hintergrund.

Im Anschluss an die Offenlegung des rechten Bildes soll überlegt werden, unter welchen Umständen man ähnliche Fantasien entwickeln kann. Daran schließt sich eine Imaginationsübung an: Das linke untere Foto wird mit folgendem Impuls präsentiert:

❐ *Dies ist das Foto von einem Baum. Stellen Sie sich Folgendes vor: Es ist Mitternacht und Vollmond. Sie gehen alleine durch den Wald, weil Ihr Hund noch einmal vor die Tür muss. Sie kommen auf eine Lichtung und vor Ihnen steht dieser vom fahlen Licht des Mondes beschienene Baum. Was könnte man in dieser Stimmungslage mit etwas Fantasie wahrnehmen?*

Nachdem die Schüler nach einer kurzen Phase der stillen Betrachtung ihre Assoziationen entwickelt und ausgetauscht haben, kann als Beispiel das rechte untere Bild gezeigt werden. Abschließend sollte eine Sicherung erfolgen, was die Wahrnehmungsübungen verdeutlichen. Ein möglicher Tafelanschrieb könnte sein:

Die Wahrnehmungsübungen verdeutlichen ...

... dass der Mensch seine Umwelt subjektiv wahrnimmt.

... dass man sieht, was man sehen will.

... dass das Wahrgenommene von Stimmungen, eigenen Erwartungen und Erfahrungen abhängt.

... dass die Wahrnehmung auch von unbewussten Prozessen beeinflusst ist.

4.2 ❐ Fabers Sicht der Wüste und des Dschungels

Im Anschluss wird nach einem Lesedurchgang die Textstelle S. 23 („Als der Mond aufging [...]") – S. 25 („[...] geradezu mystisch.") ausgewertet. Der Arbeitsauftrag könnte lauten:

❐ *Was sieht Faber in der nächtlichen Wüste, was sehen die anderen und wie beurteilt er diese Wahrnehmungsweisen? Erarbeiten Sie eine Gegenüberstellung.*

Folgendes Ergebnis könnte nach der Stillarbeitsphase z.B. auf Folie durch Schüler festgehalten werden:

Fabers Sicht der Wüste und des Dschungels

Fabers Perspektive	Die Perspektive der „Leute"
errechenbare Masse, die um unseren Planeten kreist	Mond als Erlebnis
gezackte Felsen	wie Rücken von urweltlichen Tieren
Gesteinsformen der Erosion	steinerne Engel, Dämonen
Schatten auf dem Sand	Gespenster
vom Wind gewellter Sand	Sintflut
schwarze Agaven	schwarze Seelen
Sierra Madre Oriental	Totenreich
Flugzeug	abgestorbener Vogel
Sand-Horizont	Jenseits
Erklärung ⇔	**Angst, Fantasie**
genaues Sehen	**Erleben**
Dinge sehen, wie sie sind „**ich weiß**"	**weibisch, hysterisch mystisch**

Mit folgenden Impulsen könnte das vertiefende Gespräch eingeleitet werden:
- *Wie unterscheiden sich die Wahrnehmungen?*
- *Welches Licht werfen die jeweiligen Wahrnehmungen auf das Denken und Fühlen der Personen?*
- *Wie deuten Sie die unterschiedlichen Wahrnehmungsweisen, Fabers Beurteilung derselben und wo würden Sie sich einordnen?*

Wahrscheinlich werden die Schüler von selbst auf die Wahrnehmungsübungen zurückkommen, ansonsten ist es Aufgabe des Lehrers, diese hier wieder einzubeziehen. Schön wäre es, wenn die Imagination als Erlebnisfähigkeit begriffen werden könnte, um die sich der Techniker Faber durch seine reduzierende Sicht selber bringt.

Im nächsten Schritt soll Fabers Erleben der Wüste mit der des Dschungels kontrastiert werden.
Hier könnte das Dschungelfoto aus dem Baustein 3 (Z 7, S. 60) wieder aufgegriffen werden und die Schüler könnten nach dem Vorbild der „Leute" in der Wüste

vergleichend assoziieren. Anschließend könnten die Schüler ausgehend von Fabers Verhalten in der Wüste antizipieren, wie wohl Faber den Dschungel wahrnehmen würde.

Es folgt die Analyse der Seiten 68/69, die je nach Verlauf auch als vorzubereitende Hausaufgabe sinnvoll wäre:

❒ *Untersuchen Sie Fabers Beschreibungen der Dschungelnatur, indem Sie alle Vergleiche herausschreiben.*

Die Vergleiche werden dann gesammelt und Bildfeldern zugeordnet. Das gemeinsame Ergebnis könnte folgendermaßen aussehen:

Die Beschreibung der Dschungelnatur

Vergleiche (S. 68/69)	Bildfelder	Ausdruck
Schlamm glitschig wie Vaseline	Körper	
Tümpel von Monatsblut	weibl. Geschlecht	Abscheu
Molche wie Gewimmel von Spermatozoen ⇒	Sexualität ⇒	Ekel
Luftwurzeln wie Eingeweide nass und schmierig wie Neugeborene	Tod und Geburt	Angst
es rauschte wie eine Sintflut	Religion, Tod	Gewalt Untergang

Die Lernenden erhalten nun folgenden Auftrag:

❒ *Vergleichen sie Fabers Sicht der Dschungelnatur mit der der Wüste.*

Im Unterrichtsgespräch sollte hinterfragt werden, welches Körpergefühl und welches Verhältnis zu Sexualität und Fortpflanzung, zum weiblichen Körper und zum Tod seine Assoziationen verraten. Dabei können andere Textstellen (z.B. S. 65ff.) einbezogen werden. Auch auf Fabers Zwangshandlungen (rasieren (S. 41) und duschen (S. 38)) ist zu verweisen. Anschließend soll gemeinsam nach Gründen für diese Veränderung in der Wahrnehmung der Natur gesucht werden. An dieser Stelle könnte auch der sich im Zusatzmaterial 11 (S. 65) abgedruckte Text „Todesverdrängung Fabers" Verwendung finden.

Es bietet sich hierbei an, zum Schluss noch einmal auf die Wahrnehmungsübungen zurückzukommen, die ja aufgezeigt haben, dass Wahrnehmung zu einem erheblichen Teil auch von psychischen Faktoren abhängt, die es bei Faber zu ergründen gilt.

Wie Männer und Frauen sind – Die Bildnisproblematik des Romans, erarbeitet anhand des Geschlechterdualismus

5.1 □ Die eigenen Bilder von Mann und Frau

Dieser Einstieg dient dazu, dass sich die Schüler ihre eigenen Bilder von Mann und Frau bewusst machen.
Die Schüler sollen zunächst individuell die Satzanfänge

> Männer sind ...
> Frauen sind ...

vervollständigen. So kann sich jeder Schüler über seine eigenen Vorstellungen klar werden und das Diskussionsmaterial für die sich anschließende Gruppenarbeit vorbereiten.
Danach bilden die Schüler geschlechtshomogene Gruppen und tauschen sich in diesen Gruppen über ihre Vorstellungen aus.
Jede Gruppe enthält je ein Wandplakat zu den Satzanfängen mit der Aufgabe, sich auf einen gemeinsamen Katalog von Eigenschaften zu einigen. Die Arbeit in geschlechtsspezifischen Gruppen ist Bedingung für die Reflexion der Selbst- und Fremdbilder.

    MÄNNER SIND ...   FRAUEN SIND ...

Mögliche Ergebnisse (Plakate, die von einer Berliner Lerngruppe erstellt wurden):

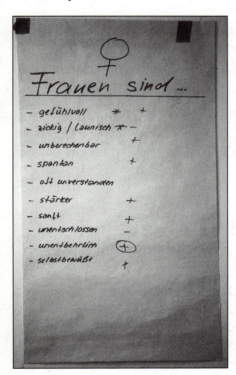

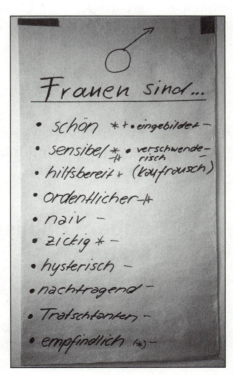

Baustein 5: Wie Männer und Frauen sind – Die Bildnisproblematik des Romans

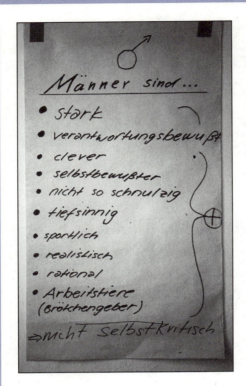
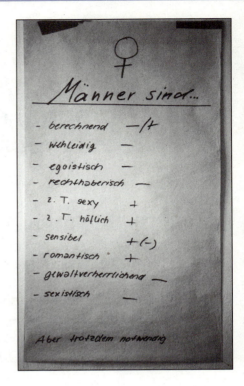

In der sich anschließenden Präsentations- und ersten Auswertungsphase werden die titelgleichen Wandplakate jeweils nebeneinander befestigt. Anhand folgender Leitfragen kann ein Gespräch über die Plakate geführt werden:

- Welche Zuschreibungen sind positiv, welche negativ?
- In welchen Punkten gleichen sich die Kataloge, wo gibt es Unterschiede?
- Wie kommt es zu diesen Übereinstimmungen bzw. Unterschieden?

Vertieft werden könnte diese erste Auswertung, indem der Lehrer oder die Lehrerin die Begriffe „Selbstbild", „Fremdbild" und „Klischee" einführt und die Schüler überlegen, welcher Zusammenhang zwischen Selbst- und Fremdbild bei den eigenen Zuschreibungen besteht. Anschließend könnte die Frage der Klischeehaftigkeit erörtert werden. Am Ende sollen die Schüler ein Resümee ziehen – z.B.:

- Geschlechter nehmen sich nach weitgehend festgelegten Eigenschaften wahr. Was bedeutet das für die Begegnung zwischen ihnen?
- Was hat an den Ergebnissen überrascht, welche Einsichten haben Sie gewonnen?

Sollten die Schüler an dieser Stelle lediglich ihre Klischees bestätigen, so muss eine Problematisierung nicht erzwungen werden, da die Plakate der Schüler am Ende der Sequenz in Konfrontation mit Frischs Text „Du sollst dir kein Bildnis machen" reflektiert werden.

5.2 ☐ Fabers dualistisches Bild von Frau und Mann

Im weiteren Verlauf des Bausteins schließt sich die Erarbeitung von Fabers Bild von Mann und Frau an.
Für Faber sind das Weibliche und das Männliche dualistische Prinzipien: Faber begreift sich als Techniker – für ihn der „einzigmännliche" (S. 77) Beruf überhaupt. Die Frau hingegen steht der Technik verständnislos gegenüber (S. 63). Fa-

Baustein 5: Wie Männer und Frauen sind – Die Bildnisproblematik des Romans

ber meint, die Dinge zu sehen „wie sie sind" (S. 24), sachlich, nüchtern und selbstbeherrscht. Diese Konstruktion männlicher Wirklichkeit bestimmt sich durch Ablehnung und Abwertung des „Weibischen" (S. 24). Frauen sind für Faber nur an Gefühlen interessiert (S. 30, 91). Sie fantasieren, spekulieren, mystifizieren. Für Faber sind dies Zeichen mangelnder Selbstkontrolle: Gefühle nennt er „Ermüdungserscheinungen" (S. 92). Während Frauen Sinnerfüllung in der Zweisamkeit suchen, empfindet Faber Bindungswünsche als unmännlich. Frauen verkörpern für ihn das symbiotische Verlangen nach Nähe bis hin zur Selbstaufgabe, sie umklammern, ja umschlingen Männer wie „Efeu" („Ivy heißt Efeu, und so heißen für mich eigentlich alle Frauen", S. 91).

Die Frau ist Teil der Natur: Fabers Gedankenspiele über das andere Geschlecht münden häufig in Vergleichen aus dem Tierbereich (Eidechsenhaut) oder der pflanzlichen Sphäre, die Frau des Professors erscheint Faber nach seiner ersten sexuellen Erfahrung „wie eine Hündin" (S. 99). Für Faber sind Frauen niedere Organismen; immer wieder assoziiert er beim Betrachten von Natur weibliche Fruchtbarkeit und Geschlechtlichkeit („Tümpel von Monatsblut, „Molche wie Spermatozoen"). In der Natur begegnen der Ratio des Ingenieurs der Bereich des Kreatürlichen, des Wachstums sowie Zeugung, Geburt und Tod. Zu seiner eigenen Sexualität hat Faber ein gespaltenes Verhältnis. Er beteuert passiv zu sein („ich weiß nicht, wie es wieder kam", S. 65f.), ihm selbst scheint Sexualität als geradezu „pervers" (S. 93).

Dem ihn verunsichernden Bereich des Irrationalen versucht Faber durch Projektion auf das andere Geschlecht zu entkommen. Faber reproduziert gängige Rollenklischees. Indem er sie aber propagiert und gleichzeitig nicht durchhält (vgl. Kap. 5.3., 5.4), werden sie an seiner Figur hinterfragt. Fabers antagonistische Weltsicht entpuppt sich als eine Daseinslüge mit fatalen Folgen.

Für die Erarbeitung der Grundzüge dieser Sachanalyse mit den Schülern scheint uns eine Analyse einzelner Textstellen unabdingbar, da nur fundierte Textkenntnisse zu einem tragfähigen Ergebnis führen können.

Dieser Teil des Bausteins ist mit dem vorgeschalteten Baustein 4 eng verklammert, wie die kurze Sachreflexion zeigt. Aus diesem Grund kann mit der Rekapitulation des vorher (im Baustein 4) Erarbeiteten begonnen werden. Als Schlüsselimpuls, der zur Geschlechterproblematik überleitet, kann folgendes Zitat (auf Folie) dienen:

❏ *Erläutern Sie folgendes Romanzitat:*
  „... einmal sagte Marcel: Tu sais que la mort est femme! Ich blickte ihn an, et que la terre est femme! sagte er, und das letztere verstand ich ..."

Die Schüler sollen die Aussage des Zitats klären und erste Überlegungen anstellen, warum Faber so gut verstehen kann, dass das Natürliche, das er ja als feindlich empfindet, mit dem Attribut ‚weiblich' belegt wird. Dabei werden erste Thesen über Fabers Sicht der Frauen formuliert.

Im Anschluss daran sollen die Schüler ihre Überlegungen und Thesen an Textstellen überprüfen. Zunächst ist es sinnvoll, in Einzelarbeit die Texte zum zweiten Mal lesen und aufnehmen zu lassen. Die Ergebnisse können dann aber auch in Partnerarbeit zusammengetragen werden. Sie erhalten die Aufgabe für die Textanalyse:

❏ *Untersuchen Sie die Textstellen auf den Seiten 24, 30, 77, 90-92 im Hinblick auf Fabers Sicht von Mann und Frau. Notieren Sie Ihre Ergebnisse in Form einer Gegenüberstellung nach dem Ihnen aus der Vorstunde bekannten Muster.*

Baustein 5: Wie Männer und Frauen sind – Die Bildnisproblematik des Romans

Am besten wird die Struktur der Gegenüberstellung auf OH-Folie dargeboten, was den Vorteil bietet, dass die Folie in der Arbeitsphase bereits Schülern zur Eintragung ihrer Ergebnisse an die Hand gegeben werden kann und dass die Folie bzw. die Ergebnisse auch im folgenden Unterricht noch einmal verfügbar sind. In folgende Skizze sind bereits mögliche Auswertungsergebnisse eingetragen.

Fabers Sicht von Mann und Frau

Männer sind....	**Frauen sind....**
Techniker, der „einzigmännliche" Beruf (S. 77)	Feinde des technischen Denkens (S. 91)
realistisch und sachlich (S. 91): sie sehen die Dinge, „wie sie sind" (S. 24)	hysterisch und eingebildet: sie haben einen Hang zur Mystik (S. 77)
zukunftsorientiert (S. 91)	vergangenheitsgebunden (S. 91)
Verstandesmenschen: Gefühle erträgt kein Mann, sie sind „Ermüdungserscheinungen" (S. 91, 92)	Gefühlsmenschen: sie sind nur an Gefühlen interessiert (S. 30, 91)
glücklich, wenn sie ihre Erfüllung in der Arbeit finden, wenn sie allein und frei sind (91, 92)	glücklich nur, wenn sie ihre Erfüllung in der Partnerschaft finden, denn Frauen wollen sich binden („Efeu"), dabei haben sie einen Hang zum Unglücklichsein (S. 91)

⇓

starkes Geschlecht – Aufwertung   **schwaches Geschlecht – Abwertung**

⇓

gegensätzliche klischeebestimmte Sicht der Geschlechter

Nach der Auswertung der Ergebnisse sollen Fabers Vorstellungen mit den eigenen Sichtweisen der Geschlechter, die im vorausgehenden Unterricht zusammengetragen worden sind, verglichen werden. Hierzu können die Plakate noch einmal einbezogen werden. Übereinstimmungen und Unterschiede werden benannt, wobei die Schüler und Schülerinnen die Ergebnisse aus der Besprechung ihrer Plakate an die Vorstellungen der Romanfigur herantragen, wodurch sich eine Problematisierung organisch ergibt.

❏ *Vergleichen Sie Fabers Vorstellungen von Mann und Frau mit Ihren. Kommentieren Sie beide.*

Diese Problematisierung sollte zu einer vertiefenden Reflexion der Romanfigur führen: Es sollten Fabers Sichtweise von Frauen und mögliche Ursachen für dieses Frauenbild erörtert werden. Auch Fabers Selbstbild gilt es zu hinterfragen.

❏ *Wie bestimmt diese Sicht die Begegnung Fabers mit Frauen?*

Diese letzte Fragestellung fungiert als Ausblick, da Fabers Verhältnis zu den verschiedenen Frauen im Roman im Folgenden im Mittelpunkt steht. Es ist sachdienlich, wenn die Schüler hier erste Hypothesen formulieren und ihre Erinnerungen aus der vorbereitenden Lektüre rekapitulieren. Dann schließt sich folgende Aufgabenstellung als vorbereitende Hausaufgabe unmittelbar an:

❐ *Untersuchen Sie die Beziehung zwischen Faber und Ivy anhand zentraler Textstellen: 7, 15, 18, 30-31, 57-68, 91, 94. Formulieren Sie Ihre Ergebnisse thesenartig.*

5.3 ❐ Faber und Ivy: Bestätigung von Fabers Bild von Mann und Frau?

Nach der Erarbeitung der dualistischen Sicht Fabers soll diese an seiner Beziehung zu Ivy überprüft werden. Hier gibt Fabers Bericht zunächst den Anschein einer völligen Entsprechung, bei genauer Lektüre stellt sich allerdings heraus, dass sich Faber keineswegs rollenkonform verhält:

Ivy ist die Figur im Roman, die für Fabers Lebensweise in New York steht, und so eindimensional diese ist, so eindimensional wird auch Ivy charakterisiert. Umgeben von Konsumgütern, vernarrt ins eigene Aussehen, ist es Ivys Lebensziel, von einem Mann geheiratet zu werden (S. 7). Ivy ist anhänglich bis zur Selbstaufgabe, lässt sich von Fabers abweisendem Verhalten demütigen, der sie als Klette, „Efeu" (S. 91), empfindet. Wendet sie sich ihm zärtlich zu, blättert Faber unbeteiligt in der Post oder räsoniert in ihren Armen über die Lösung eines Schachproblems. Faber wertet Ivy mit ihren Gefühlen ab und entledigt sich so der Notwendigkeit, auf sie einzugehen.

Das Verhältnis scheint so auf den ersten Blick die Verkörperung von Fabers Sicht der Geschlechter in Reinform zu sein. Bei genauem Textstudium fällt auf, wie hoch der Anteil von Fassade in Fabers Schilderungen ist und welche Funktionen seine abwertenden Stereotypen haben. Besonders auffällig wird dies, als es zur letzten sexuellen Begegnung kommt. Faber gibt – kaum wieder Herr seiner Sinne – vor, verführt worden zu sein (S. 66). Dies zeigt seine Schwierigkeit, Sexualität als etwas Natürliches zu empfinden. Dem Leser wird der Mechanismus deutlich: Faber verliert die Selbstkontrolle, begehrt Ivy ... und wehrt ab, projiziert seine innere Beteiligung auf die Frau als Verführerin, da er Gefühle nicht zulassen kann („Ermüdungserscheinungen"). Ivy weiß, dass sie hier Macht über Faber hat und die Rollenverteilung wechselt bei genauem Hinsehen: Ivy spielt die Kühle, freut sich, Faber zu demütigen, „spielt Katz und Maus" (S. 62). Nun zeigt sich Faber anhänglich, buhlt um Zuwendung (S. 65). Gerade an der Figur Ivys lässt sich zeigen, wie wichtig es ist, genau zu lesen, um dem Erzähler und Protagonisten auf die Spur zu kommen. Ursachen und Mechanismen von Rollenstereotypen werden dann transparent. Indem Schüler detektivisch Faber nachspüren, erkennen sie Allgemeingültiges. Durch kritisches Lesen können sie Fabers Bild von der Frau als Teil eines psychischen Apparates entlarven, der Fabers Selbstlüge aufrechterhält.

Das Unterrichtsthema soll handlungsorientiert mit der Methode des Standbildbauens erarbeitet werden (vgl. Arbeitsblatt 3, S. 35). Da neben den inhaltlichen Unterrichtsintentionen eine komplexe Methode eingeführt werden soll, empfiehlt es sich, mindestens eine Doppelstunde einzuplanen.

Die Methode des Standbildbauens kann an dieser Stelle aus mehreren Gründen konstruktiv eingesetzt werden:

Mit einem Standbild soll anschaulich die Beziehung zwischen Faber und Ivy fixiert werden. Ihre Beziehung eignet sich für diese Methode, weil die Metaphorik in Fabers Charakterisierung des Verhältnisses zu Ivy („Efeu") den Schülern die Umsetzung in ein Standbild erleichtert.

Das Verfahren bietet die Chance, dass die im Kopf des Schülers entstehenden Vorstellungen, die sie über die Lektüre gewinnen, sichtbar und damit einer Deutung und Diskussion zugänglich gemacht werden: Die Schüler als Koproduzenten inszenieren bei der Lektüre den Text; diese im Literaturunterricht meist unbewusst bleibenden Aktualisierungen der Schüler werden in Dar*stellung* überführt und können so thematisiert und überprüft werden.

Schwierigkeiten können sich ergeben, da die Methode für die meisten Schüler neu sein wird und sie Hemmungen haben könnten, sich körperlich auszudrücken und sich in den Gruppenarbeiten zu berühren.

Aus diesem Grund wird mit einer „Aufwärmphase" begonnen. In einer Kettenpantomine (im Kreis wird ein imaginiertes schweres Paket herumgegeben und anschließend ausgepackt) und in einer Spiegelpantomime (zwei Schüler stehen sich gegenüber, ahmen ihre Bewegungen spiegelbildlich nach) können die Schüler Hemmungen abbauen und auch schon üben, die Gestik und Mimik anderer zu übernehmen, was wichtig für die Bauphase der Standbilder ist. Der Lehrer oder die Lehrerein sollte hier engagiert vor- und mitmachen, um die Schüler zu vollem körperlichem Ausdruck zu ermutigen.

Die Aufwärmphase wird beendet, indem die Lehrperson erklärt und anschaulich demonstriert, was unter einem Standbild zu verstehen ist. Daraufhin erhalten die Schüler das Arbeitsblatt 3, das die Gruppenarbeit anleitet und strukturiert. Dann organisieren sich vier gemischte Gruppen. Das Arbeiten ist „dezentralisiert", die Gruppen sollten, falls möglich, sich in benachbarte freie Räume verteilen. In der didaktischen Literatur wird oft geraten, die Bauphase stumm, allein pantomimisch durchführen zu lassen; das Sprechen und Austauschen untereinander kann jedoch eine wichtige Funktion haben: Nur wenn die Schüler das Darzustellende besprechen, argumentieren sie mit dem Text und geben ihrem Textverständnis Profil.

Für die sich anschließende Präsentation und Auswertung der Standbilder ist es wichtig, die Sitzordnung in einen offenen Stuhlkreis zu ändern, damit alle Schüler die Standbilder in allen Details betrachten können. Die Präsentationsphase beginnt mit der Orientierung der Schüler über die ‚Spielregeln' bei der Auswertung der Standbilder: Die Gruppen stellen ihre Bilder nacheinander auf und verharren etwa eine Minute in ihren Positionen. Der Rest der Klasse bildet jeweils die Beobachtergruppe, die nach der Betrachtung der Bilder ihre Wahrnehmungen formuliert. Erst abschließend erläutern die Gruppen ihre Standbilder. Ein Vergleich der Standbilder schließt sich an.

Das Gespräch über die Standbilder kann mithilfe folgender Impulse strukturiert werden:

- *Beschreiben Sie das Standbild der Gruppe!*
- *Was sagt es Wesentliches über die Personen und ihre Beziehungen aus?*

   An die darstellende Gruppe:
- *Was wollten Sie mit Ihrem Bild zum Ausdruck bringen?*

Zum Schluss erfolgt ein Gesamtvergleich aller Standbilder; Gemeinsamkeiten und Unterschiede sollen benannt und ergründet werden.

Baustein 5: Wie Männer und Frauen sind – Die Bildnisproblematik des Romans

Beispiele von Standbildern, die Schüler realisiert haben:

„Faber und Ivy"

Die Frage, ob alle Standbilder die Darstellung des Romans zutreffend umgesetzt haben, leitet zur anschließenden vertiefenden Auseinandersetzung über, bei der die Deutungen der Beziehung Faber – Ivy, die in den Standbildern manifest geworden sind, an den Text rückgebunden und überprüft werden sollen. Hierzu soll S. 65f., die letzte sexuelle Begegnung Fabers und Ivys, gelesen werden, wo offenbar wird, dass die Rollenverteilung keinesfalls so eindeutig ist, wie es Faber vorgibt. Bei den Standbildern ist damit zu rechnen, dass die Schüler Fabers Perspektive, also seine Sicht der Beziehung, übernommen und umgesetzt haben. In diesem Fall könnten die Ergebnisse für die Beziehung zwischen Faber und Ivy am Ende der Auswertungsphase der Standbilder (s.u.) kurz festgehalten werden (Folie), um diese dann am Text zu überprüfen. Vielleicht verweisen aber auch Unterschiede bei den Standbildern darauf, dass der Text vielschichtiger ist, sodass sich eine Untersuchung dieser Deutungsnuancen am Roman (*Treffen die verschiedenen Deutungen den Text? Auf welche Textstellen beziehen Sie sich?*) organisch anschließen würde. Aber auch hier empfiehlt es sich, die Ergebnisse zunächst zu sichern.

❐ *Untersuchen Sie das Verhalten von Faber und Ivy auf S. 65f. Wie sind hier die Rollen verteilt?*

Es ist sinnvoll, nach der Gruppenarbeit nun den Text in Einzelarbeit analysieren zu lassen, damit sich jeder konzentriert in seinem Tempo noch einmal auf die Romanschilderung einlassen kann.
Die Ergebnisse der Textanalyse werden auf der Folie ergänzt (s. S.34), sodass sie mit der Auswertung der Standbilder augenfällig kontrastieren. Im Zuge der Auswertung könnte auch ein Standbild, das den deutlich werdenden Rollentausch verkörpert, ad hoc gestellt werden. Eine Vertiefung erfolgt über folgenden Auftrag:

❐ *Wie erklären Sie sich das Verhalten? Versuchen Sie den Rollentausch zu begründen.*

Zum Abschluss ist es ratsam, das methodische Vorgehen und dessen Ertrag gemeinsam zu reflektieren.

Die in zwei Schritten erfolgte Ergebnissicherung könnte wie folgt aussehen:

Fabers Beziehung zu Ivy – Bestätigung von Fabers Sicht von Mann und Frau?

Verhalten Ivys	Verhalten Fabers
– klammert („Efeuverhalten")	– wendet sich ab
– himmelt Faber an	– ist desinteressiert
– bettelt um Beachtung und Zuwendung	– verhält sich ablehnend
– ist abhängig	– nimmt Ivy nicht wahr
– ist unterwürfig	– sieht Ivy als minderwertig an
– verhält sich naiv	– ist „lässig", kühl
unterlegen	**überlegen**

↑

Ergebnis der Standbilder

S. 65f.: umgekehrte Rollenverteilung

↓

überlegen	*unterlegen*
– distanziert	– bettelt um Zuneigung
– gleichgültig	– ist Ivy verfallen
– spielt die Kühle	– bewundert Ivy
– verweigert sich	– „fürchtet" Ivy

→ Faber verhält sich widersprüchlich:
   Er hält sein eigenes Bild vom Mann als überlegenem Technokraten nicht durch. Er gibt seinen Gefühlen nach, zeigt sein wahres Ich. Sein Bild von Ivy dient der Abwehr eigener Gefühle.

Ein Standbild bauen

Baustein 5
Arbeitsblatt 3

Textgrundlage: Max Frisch: Homo faber, insbesondere die Seiten: 7, 15, 18, 30-31, 57-68, 91, 94

Aufgabe: Bauen und formen Sie ein Standbild, das das Verhältnis zwischen Faber und Ivy abbildet!

Was ist ein Standbild?

Ein Standbild ist eine „eingefrorene" pantomimische Figurengruppe: eine aus lebendigen Menschen gebildete und dann erstarrte Figurengruppe, die jemanden in einer bestimmten Haltung darstellt, sodass Wesentliches über den Charakter und das Verhältnis von Personen zueinander daran erkennbar wird.

Wie bildet man ein Standbild?

Die Klasse verteilt sich auf vier Kleingruppen (Frauen **und** Männer gemischt!).

1. Beraten Sie kurz zusammen: Wie sehen wir Faber ... wie Ivy ... wie das Verhältnis zwischen Faber und Ivy? Wie könnte das abgebildet werden: **Position der Figuren, Körperhaltung, Gestik, Mimik, Stellung zueinander?**

2. Jede Gruppe sucht sich aus ihren Mitgliedern diejenigen Personen aus, die ihr zur Darstellung der beiden Personen geeignet erscheinen (Körpergröße, Geschlecht, Statur ...).

3. Die Darsteller gehen in Position und verhalten sich passiv, übernehmen Haltungsvorschläge oder lassen sich wie „Material" formen.

Ein oder zwei Gruppenmitglieder formen wie ein „Regisseur" das Standbild durch Vormachen bzw. mit der Hand. Die anderen beraten, geben weitere Vorschläge und korrigieren ..., bis das Standbild ihrem Bild von Faber und Ivy entspricht.

Die Darsteller erstarren in der Haltung. Prägen Sie sich die Schlussfassung genau ein!

Spätestens nach 15 Minuten müssen Sie fertig sein.   VIEL SPASS

Wie bespricht man Standbilder?

Die Gruppen bauen nacheinander auf. Der „Regisseur" kontrolliert und korrigiert. Jedes Bild bleibt zum Betrachten eine knappe Minute stehen.

Dann beschreiben die anderen die Statue und sagen, was sie in ihren Augen ausdrückt. Anschließend erklärt die darstellende Gruppe, was sie ausdrücken wollte.

Baustein 5: Wie Männer und Frauen sind – Die Bildnisproblematik des Romans

5.4 ⬜ Faber und Sabeth: Bewusstseinswandel

Nachdem die Brüchigkeit von Fabers Selbstkonzept den Schülern deutlich geworden ist, soll der sich in der Begegnung mit Sabeth ankündigende Bewusstseinswandel Fabers nachvollzogen werden.

Fabers Selbstkonzept als Techniker soll ihn gegenüber seinen verdrängten Gefühlen immunisieren. In der Begegnung mit Sabeth, die Spontaneität, Wärme und Offenheit für die Zukunft verkörpert, gerät Fabers Welt- und Selbstbild, das den Schülern schon fraglich geworden ist, ins Wanken.

Sabeth ist eine Gegenfigur zu Ivy. Im Gegensatz zur Abwertung des „weibischen" (24) Verhaltens bei Ivy begeistert er sich hier für die jugendliche Erlebnisfähigkeit Sabeths. Die rationalistische Abwehr seiner Bedürfnisse nach Nähe und Geborgenheit ist anfällig für den Einbruch des Gegenteils: Faber wandelt sich in der Begegnung mit Sabeth zum „homo ludens", der sich freuen, singen kann (S. 109f., 150f., 181).

Deutlich ist jedoch, dass bei aller Faszination für Sabeth die Mechanismen der Gefühlsverdrängung zunächst erhalten bleiben. Faber zeigt sich als passiv, beteuert immer wieder aus der Retrospektive des Berichts, nicht in Sabeth verliebt zu sein, sich selber nicht zu verstehen.

Dies zeigt sich augenfällig an der wichtigen Textpassage der Mondfinsternis in Avignon (S. 123-125), die gleichzeitig zum Wendepunkt für Fabers Verhalten wird, der immer mehr „weibliche" Anteile zulässt. In dieser Nacht kommt es zur ersten intimen Begegnung zwischen Vater und Tochter, sodass dieser Abschnitt eine Schlüsselbedeutung in mehrfacher Hinsicht erhält.

Das Naturschauspiel wird zum Symbol der tragischen Dreiecksbeziehung: Mond, Sonne und Erde erscheinen in einer Geraden. Diese Konstellation steht für die „Überlagerung" von Mutter und Tochter, Sabeth mit ihrem „Hanna-Mädchen-Gesicht" (S. 94) wird die Geliebte Fabers. Faber bringt diese Naturerscheinung völlig aus der Ruhe, was er verzweifelt durch seine retrospektiven Rechtfertigungsversuche zu überdecken versucht. Faber redet zunächst wissenschaftlich über Gestirne, dann aber über Leben und Tod, für den Technokraten bislang ein Tabuthema (S. 169f.). Faber schwankt rückblickend zwischen dem Erzählen seiner Gefühlsbewegung und rationaler Distanznahme zum Zwecke der Selbstrechtfertigung. Oft sind es nur einzelne Wörter („ungeheuer", „verwirrend"...), die Fabers Gefühle verraten.

Die Schüler sollen Fabers Reaktionen auf die Mondfinsternis genau untersuchen, indem sie sie in eine grafische Kurve „übersetzen". Dabei wird das zerbröckelnde Technokraten-Männerbild und der sich ankündigende Bewusstseinswandel veranschaulicht, reflektiert und begründet werden. Da der Verstandesmensch Faber hier seinen Gefühlen nachgibt, bietet sich eine Kurve an, die als Vernunft-Gefühl-Barometer zu lesen ist.

Ausgangspunkt ist, dass gemeinsam zur Figur Sabeths übergeleitet wird:

⬜ *Welche Bedeutung hat die Begegnung mit Sabeth für Faber?*

Dieser Impuls kann auch als Problemfrage an der Tafel fixiert werden. Die Schüler rekapitulieren dann ihre Eindrücke und formulieren Hypothesen, die an der Tafel mitprotokolliert werden könnten. Diese sollen dann am Text überprüft werden, indem die Schlüsselszene der Mondfinsternis in Avignon gelesen und bearbeitet wird.

Die Schüler erhalten nun das Arbeitsblatt 4 (S. 39) und die Lehrperson erklärt die Methode und das gemeinsame Vorgehen. Nach der Arbeit in Gruppen sollen sich die Schüler und Schülerinnen jetzt intensiv und konzentriert auf den Text einlassen. Dafür bietet sich eine stille Phase der Einzelarbeit an, in der jeder Schüler sich individuell nach seinem Tempo auf den Text einlassen und das nonverbale Einfühlen sukzessiv in eine Kurve übersetzen kann. Das Zeichnen der Kurve wird jeden Schüler automatisch zu etwas bringen, was viele am Deutschunterricht oft stört, nämlich den Text Wort für Wort „umzudrehen". Die Kurve ist dann gleichzeitig Medium der Analyse, wenn die Schüler den Bewusstseinsprozess zeichnerisch nachvollziehen und umsetzen, und fixiertes Auswertungsergebnis.

Für die erstellten Kurven ist zu erwarten, dass die Abweichungen im Kurvenverlauf aus der Darstellungstechnik von Frisch resultieren: Einige werden Fabers rationale Distanzierungsversuche aus der Retrospektive nicht in die Grafik übernehmen und eine deutliche Wandlungskurve vom Vernunft- in den Gefühlsbereich zeichnen, andere werden seinen schwankenden Bewusstseinsprozess in ein permanentes Auf und Ab übersetzen. Beide Kurven treffen den Text, sodass die Erzählperspektive zum Reflexionsgegenstand wird, ohne dass sich eine formale Analyseebene ergibt, die von den Schülern als Entfernung von inhaltlichen Fragestellungen empfunden wird. Wenn die Schüler die Abweichungen der Kurvenverläufe begründen können, haben sie die Darstellungstechnik durchschaut.

Mögliche Kurven:

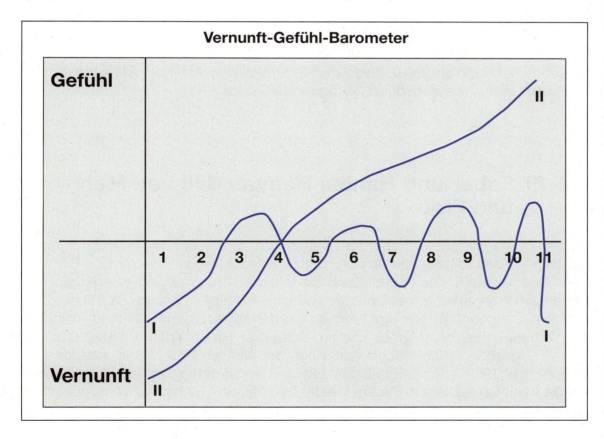

Für die Auswertung ist es empfehlenswert, das Diagramm vom Arbeitsblatt auf OH-Folie vergrößert zu kopieren. Ein Schüler beginnt, indem er seine Lösung einträgt und begründet. Zunächst wird dieser Kurvenverlauf dann von den anderen Schülern kommentiert, ggf. – unter Bezugnahme auf konkrete Textstellen! – korrigiert. Wirklich abweichende (!) alternative Kurven können ebenfalls andersfarbig eingetragen und vorgestellt werden. Es folgt nun eine Phase der Problematisierung.

❐ *Wie kommen die Abweichungen in der Kurvenführung zustande?*

Mit diesem Impuls wird die perspektivische Erzähltechnik angesprochen. Ergebnisse dieser gemeinsamen Reflexion, die die Unterschiedlichkeit der Kurven ergründet, sollten ebenfalls auf der Folie festgehalten werden. Zum Beispiel:

> Kurve der Darstellung Fabers: Faber schwankt beim „Bericht" zwischen vernünftiger Distanz und Gefühl. → I
>
> Kurve des wahren Empfindens: Faber wandelt sich in dieser Szene der Mondfinsternis vom Verstandes- zum Gefühlsmenschen. Gefühle überkommen ihn, er lässt sie zu. → II

Am Ende steht eine Bündelung der Ergebnisse zur Beziehung Fabers zu Sabeth, die mit den Hypothesen vom Beginn verglichen werden können.

❐ *Was passiert Faber hier? Fassen Sie zusammen.*

❐ *Vergleichen Sie sein Verhalten an dieser Stelle mit seinem Männerbild.*

Die Frage, warum sich Faber eigentlich in Sabeth verliebt, könnte dann den Ausblick auf den weiteren Unterricht eröffnen, in dem Hanna in den Mittelpunkt rückt: Faber verliebt sich in Sabeth, weil dieses Mädchen ihn an seine Jugendliebe erinnert.

Sollte es an dieser Stelle gewünscht sein, die Figur Sabeth näher zu beleuchten, könnten die Schüler folgende Produktionsaufgabe erhalten, die sich der Frage zuwendet, welche Rolle Faber eigentlich für Sabeth spielt:

❐ *Sabeth ist auch aufgewühlt von den Ereignissen in Avignon. Sie schreibt das Erlebte in ihr Reisetagebuch. Verfassen Sie diesen Text.*

5.5 ❐ Faber und Hanna: Hannas Bild von Mann und Frau

Nachdem die Hauptfigur Faber im Zentrum stand, soll nun die weibliche „Antagonistin" in den Mittelpunkt rücken, um zu beleuchten, wie bei ihr das Bild von den Geschlechtern, das Weltbild und die Lebensführung einander bedingen.
Faber und Hanna verkörpern antagonistische Prinzipien, Hanna ist Faber komplementär zugeordnet. Sie repräsentiert als Kunsthistorikerin die Orientierung an der Vergangenheit, am Mythos und am Schicksal. Hanna erkennt Faber und seine Daseinsproblematik: „Technik als Kniff, die Welt als Widerstand aus der Welt zu schaffen" (169f.). Nicht Zufall oder Statistik erklären die tragischen Ereignisse, sondern der Grund liegt in Fabers innerer Disposition: „Es ist kein zufälliger Irrtum gewesen, sondern ein Irrtum, der zu mir gehört (S. 170)." Zum Teil wird Hanna daher als heimliche Hauptfigur des Romans betrachtet. Hanna lebt nonkonformistisch, verwirklicht sich selbst als alleinstehende Mutter und berufstätige Frau. Doch verkörpert Hanna wirklich das unentfremdete Denken und Sprechen im Roman, ist sie die positive Gegenfigur?

Dieser Frage soll im Unterricht zunächst wieder anhand der Erarbeitung ihres Bildes der Geschlechter und an ihrer Rolle beim Scheitern der Beziehungen zu Joachim und Faber nachgegangen werden.

Vernunft-Gefühl-Barometer

Baustein 5
Arbeitsblatt 4

**Max Frisch: Homo faber –
Die Mondfinsternis von Avignon (S. 123-125)**

Aufgabe:

1. Lesen Sie zunächst die gesamte Textstelle gründlich durch.

2. Was passiert mit Faber in dieser Situation? Beantworten Sie die Frage, indem Sie zu dieser Textstelle eine Vernunft-Gefühl-Kurve zeichnen (Einzelarbeit).

Vorbereitung: Nummerieren Sie die Sätze mit Bleistift auf den Seiten 124/125:

1. „Es war die Nacht ... gefasst"
2. „Ich sage ... los?"
3. „Wir hatten ... wollten"
4. „Die bloße ... auf sich hat –"
5. „– ich zahlte ... verfolgen"
6. „Ich erklärte ... orange"
7. „Ich erinnere ... Stunde"
8. „Das Mädchen ... vorher"
9. „Dabei war es ... Sausen"
10. „Ich redete ... verliebt war"
11. „Jedenfalls war es ... in mein Zimmer kam"

Vernunft-Gefühl-Barometer

Gefühl

1 2 3 4 5 6 7 8 9 10 11

Vernunft

Baustein 5: Wie Männer und Frauen sind – Die Bildnisproblematik des Romans

Auch Hanna macht sich stereotype Bilder vom anderen Geschlecht. Männer sind für sie „borniert" (S. 140), der Mann „sieht sich als Herr der Welt", „hört nur sich selbst" (S. 140). Das Leben einer Frau, die Nähe und Verständnis vom Mann wünscht, sei konsequenterweise „verpfuscht" (S .140). Auch Hanna generalisiert ihr eigenes Schicksal: Das Leben einer Frau sei erbärmlich. Die Frau ist „Proletarierin der Schöpfung" (S. 140). Mann und Frau verkörpern unversöhnliche Prinzipien, Hanna ist wie Faber in einer dualistischen Sichtweise gefangen. Faber und Hanna leben gegen das andere Geschlecht; weil Faber wie Hanna einen klischeebestimmten, verhärmten Lebensplan durchsetzen, werden sie an sich und anderen schuldig.

Es ist empfehlenswert, eine vorbereitende Hausaufgabe zu stellen, da die Textgrundlage, die für den Unterrichtsgegenstand ausgewertet muss, relativ umfangreich ist.

❏ *Untersuchen Sie Hannas Frauen- und Männerbild: S. 47, 133-144, 182f.*

Der Einstieg könnte mit folgendem Impuls erfolgen:

❏ *Welche Bedeutung hat Hanna für Faber? ... Faber für Hanna?*

Die Hypothesenbildung wird von selbst zur Auswertung der Hausaufgabe (s.o.) überleiten. Es bietet sich an, dass sich zunächst die Schüler in Gruppen über ihre Ergebnisse verständigen.
Als Arbeitsauftrag erhalten sie:

❏ *Männer sind ... Frauen sind ... – Was ist die Sichtweise Hannas? Erarbeiten Sie eine Gegenüberstellung nach dem bekannten Muster aus den Vorstunden.*

An einer Gruppe könnte eine OH-Folie ausgegeben werden, auf der sie ihre gemeinsamen Ergebnisse fixiert. Die Gruppe präsentiert diese anschließend und die Auflistung wird kommentiert, ergänzt und ggf. korrigiert.

Im Anschluss wird das Ergebnis für Hannas Männer- und Frauenbild mit demjenigen Fabers kontrastiert. Hier könnte die Folie aus 5.2 (S. 30) wieder eingesetzt werden.

Da Hanna aus ihrem dualistischen Denken drastische Konsequenzen für ihr eigenes Leben zieht, müssen diese benannt und festgehalten werden. Für die Lernenden werden diese Folgerungen, z.B. am besten ohne das männliche Geschlecht auszukommen, viel Zündstoff bieten, sodass es an dieser Stelle angebracht ist, das Unterrichtsgespräch zur Diskussion zu öffnen.

Es wäre an dieser Stelle auch denkbar, eine Schülerdiskussion in umfangreicherem Rahmen zu organisieren, bei der Thesen und Argumente für die Diskussion in Gruppen vorbereitet werden, welche dann in der großen Tischrunde diskutiert werden. Dies wäre natürlich auch in Form einer Podiumsdiskussion möglich, an der dann etwa eine Frauenrechtlerin (Thesen Hannas), ein Paartherapeut, der Autor des Buches „Die Frau, das schwache Geschlecht!" (Sichtweise Fabers) u.a. teilnehmen könnten. Die Schüler könnten präparierte Beschreibungen dieser fiktiven Rollen (Rollenkarten) erhalten, mit denen sie sich auseinander setzen und so die Diskussion vorbereiten. Letzteres würde sich besonders auch dann anbieten, wenn das Thema Mann – Frau fächerübergreifend bearbeitet wird, sodass etwa Gesichtspunkte aus soziologischen Fachtexten einfließen könnten.

Als grundsätzliche methodische Alternative könnten wiederholt Standbilder gebaut werden, die Hannas Sichtweise von Mann und Frau versinnbildlichen. Dann wäre die Hausaufgabe Vorbereitung für das Stellen der Mann-Frau-Standbilder, die gemeinsam ausgewertet würden (der Unterrichtsaufbau bzw. das methodische Vorgehen wären identisch mit 5.3). Die Ergebnissicherung am Ende könnte dieselbe sein, wie sie hier für den ausgeführten Ablauf antizipiert wird:

Hannas Sicht von Mann und Frau

Männer sind...

- alle „homo faber" (S. 47)
- überzeugt, dass Geist und Wissenschaft „männliches Monopol" sei (S. 133)
- „borniert" (S. 140)
- begeistert von ihrem Unverständnis der Frauen
- auf sich fixiert (S. 140)
- nach ihrer Selbstsicht „Herren der Welt"
- „stockblind" (S. 144)

Frauen sind...

- dumm, wenn sie vom Mann verstanden werden wollen; diese Haltung „verpfuscht ihr Leben" (S .140)
- verdammt, ein erbärmliches Leben zu führen; vom Mann unterdrückt
- „Proletarierinnen der Schöpfung"

⇓

Täter: Unterdrücker   ⇓ **Opfer: Unterdrückte**

Fazit: gegensätzliche, klischeebestimmte Sicht der Geschlechter (wie bei Faber)

<u>Konsequenzen für Hanna:</u>

- alleine leben und einer Partnerschaft aus dem Weg gehen, ein Leben führen, ohne von einem Mann und seinem Verständnis abzuhängen.

5.6 ☐ Gründe für das Scheitern der Beziehungen – die Rollen Fabers und Hannas

Nachdem bereits Hannas Sichtweise einer kritischen Prüfung unterzogen wurde, soll diese Perspektive in einem zweiten Schritt daraufhin befragt werden, welchen Anteil eigentlich Hanna selbst, das „Opfer", an den schicksalhaften Verstrickungen hat.

Da Hanna den Mann an sich ablehnt, möchte sie ein „vaterloses Kind, einfach ihr Kind, ihr eigenes, ein Kind, das keinen Mann etwas angeht" (S. 201). Wiederum ist Hannas Verhalten komplementär zu dem Fabers: Faber sucht die Begegnung mit der Frau als Episode und will nicht Vater werden. Hanna will Mutter werden, aber mit dem Kind alleine bleiben.

Wie Demeter trotzt Hanna den Göttern das Besitzrecht auf die Tochter ab: Mit seinen mythologischen Anspielungen auf den Demeter-Mythos zielt Frisch auf den Mutterkomplex ab, der zentral ist für das Verständnis von Hannas Charakter. Die „Hypertrophie des mütterlichen Elements" (Jung) äußert sich darin, dass das Interesse der Frau sich allein auf die Geburt des Kindes richtet, während der Mann und ihre eigene Persönlichkeit nebensächlich sind. Hanna macht sich Elisabeth zur Lebensaufgabe. Sie lässt Joachim nicht zum Partner werden (S. 201), das Wagnis Partnerschaft geht sie nicht mehr ein. Joachim begeht viele Jahre später Selbstmord. Hanna erkennt ihre Schuld und sieht ein, dass ihr Lebenskonzept mit einem „vaterlosen Kind" andere ins Unglück getrieben hat.

Am Tage vor Fabers Operation erklärt Hanna auch ihre Mitschuld am Scheitern der Beziehung zu Faber. Hierbei bezieht sich Hanna auf ihr Gespräch mit Faber 1936 in Zürich. In der Regel dient die Stelle „wenn du dein Kind haben willst, dann müssen wir natürlich heiraten" (48) dazu, Fabers Schuld am Scheitern der Beziehung zu belegen. Hanna nimmt in ihrem Schuldeingeständnis am Ende des Romans jedoch wörtlich Bezug auf diesen Satz Fabers: „Warum ich das gesagt habe? fragt sie jetzt immerzu. Damals: Dein Kind, statt unser Kind [...] Ob ich damals gewußt hätte, wie recht ich habe? Und warum ich neulich gesagt habe: Du benimmst dich wie eine Henne! [...] Ob ich ihr verzeihen könne!" (S. 202).

Auch Hanna hat sich schuldig gemacht, indem sie ihre Individualität hinter dem Bildnis „Mutter" verbarg.

Die Schüler sollen das Schuldigwerden Fabers und Hannas an Partnern durch identifizierende Konkretisation (Textproduktion) auf der Basis zweier Textstellen nachempfinden und herausarbeiten. Die männlichen Schüler sollen sich in die Perspektive Joachims hineinversetzen, die weiblichen in die von Hanna, da die Frage nach der Schuld am Scheitern der Beziehungen am besten über die Identifikation mit dem jeweiligen Partner beantwortet werden kann. Die Schülerprodukte ermöglichen einen Vergleich von den Verhaltensweisen Hannas und Fabers ihren Partnern gegenüber.

Als Textbasis für die Schreibaufgaben wurden die Darstellung des Scheiterns der Beziehung in Zürich aus der Sicht von Faber (S. 45-48) und die Wiedergabe von Hannas Bericht ihrer Beziehung zu Joachim (S. 200-202) ausgewählt. Die perspektivische Erzähltechnik, die den Leser in die Auseinandersetzung mit dem nicht zu Wort kommenden Part hineinzwingt, ist hier Ausgangspunkt der Produktion. Insofern handelt es sich bei beiden Schreibanlässen um eine vom Autor strategisch eingesetzte Leerstelle von großer Bedeutung für die Kommunikationsstruktur des Romans. Faber stellt beim verzweifelten Versuch sich zu rechtfertigen den Bruch der Beziehung so dar, als sei es Hanna gewesen, „die nicht heiraten wollte" (S. 33, 46, 48, 57).

Der Leser tritt mit dem Text in einen Dialog nach dem Muster: Er spricht – sie denkt. Dabei ist Hanna die Identifikationsfigur für die weiblichen Schüler, weshalb sie einen Kommentar Hannas in der Ich-Form zu dieser Textstelle verfassen sollen. Hierbei müsste deutlich werden, dass Faber mit seiner partnerfeindlichen Egozentrik, mit seiner Unsensibilität, seiner Vernunftorientiertheit, mit seinem beruflichen Ehrgeiz und mit seiner Sicht von Hanna als Frau diese kränkt und schließlich dazu treibt, ihn zu verlassen und ihm das Kind zu verschweigen.

Die männlichen Schüler sollen sich der Figur annehmen, an der dann Hannas späteres Fehlverhalten deutlich wird, das dem von Faber spiegelbildlich entspricht: In der neutralen Schilderung von Hannas Bericht von ihrem Verhältnis zu Joachim gewinnt diese Nebenfigur Kontur. Das Rätsel seines Selbstmordes wird vor dem Hintergrund seiner Leidensgeschichte mit Hanna transparenter, ohne ganz aufgelöst zu werden, ein Klärungsbedarf entsteht. Wenn die Schüler einen imaginären Abschiedsbrief Joachims verfassen, dürfte hierin Hannas Egozentrik, ihre verhärmte Sicht des anderen Geschlechts und die Verweigerung, das eigene Leben und die Tochter zu teilen, angeklagt werden. Es empfiehlt sich, beide Texte als vorbereitende Hausaufgabe (Arbeitsblatt 5) erstellen zu lassen.

Textproduktion

Baustein 5 – Arbeitsblatt 5

Hausaufgabe

Thema: Gründe für das Scheitern der Beziehungen – die Rollen Fabers und Hannas

Lesen Sie wiederholend die wichtigen Textstellen zu Faber, Hanna und Joachim:
32, 33, **45-48,** 56-57, 84, 112-113, 117-118, 121-122, 137f., 143f., 183, **200ff.**

Worterklärung: *Hanna hat sich „unterbinden" lassen = sterilisieren lassen*

Aufgabe für alle Schülerinnen:

Zu S. 45-48: Fabers Bericht vom Scheitern der Beziehung mit Hanna in Zürich

Stellen Sie sich vor, Hanna hätte Walters Aufzeichnungen in Athen in die Hände bekommen, und verfassen Sie einen erklärenden Kommentar aus Hannas Sicht in der Ich-Form. Lassen Sie sie äußern, was sie damals über Fabers Verhalten und Äußerungen dachte und empfand.

Aufgabe für alle Schüler:

zu S. 200-202: Die Darstellung von Hannas Beziehung zu Joachim

Verfassen Sie auf der Basis der Textstelle einen Abschiedsbrief Joachims in der Ich-Form, in dem er vor seinem Selbstmord über die gescheiterte Beziehung zu Hanna, über sie und ihr Verhalten nachdenkt.

Baustein 5: Wie Männer und Frauen sind – Die Bildnisproblematik des Romans

Als Einstieg in die Besprechung könnte eine kurze Rekapitulation der Beziehungsgeschichten erfolgen, indem der Lehrer das Beziehungsdreieck Faber-Hanna-Joachim an die Tafel zeichnet und die Schüler die Zusammenhänge wiederholen.

Dann folgt die Präsentation und Auswertung der Hausaufgaben – erst die Kommentare Hannas, dann die Abschiedsbriefe, wobei es sinnvoll ist, anhand der unten genannten Impulse jeden Schülertext jeweils direkt auszuwerten und dann erst weitere Vorträge anzuschließen:

❏ *Welche Verhaltensweisen des Partners werden angeklagt?*
 (Notiz an der Tafel)
❏ *Könnte die Romanfigur so denken (Textverfehlungen ausschließen)?*
❏ *Vergleichen Sie die Texte.*

Dann sollten die Ergebnisse gebündelt und vertieft werden, sodass die Verhaltensentsprechungen und die Dynamik des Scheiterns deutlich werden:

❏ *Vergleichen Sie das notierte Fehlverhalten bei Faber und Hanna.*

Im Folgenden sollte dies ergründet werden, indem das jeweilige Verhalten beider auf die Sichtweise von Frau und Mann zurückbezogen wird.

❏ *Stellen Sie sich vor, sie wären ein Freund/eine Freundin von Faber bzw. Hanna. Was würden Sie den beiden raten?*

Die letzten Impulse leiten schon zur Bildnisproblematik über, da die Schüler nun deutlich vor Augen haben, wohin das Denken in Klischees, in festen Bildern führt, dass man nämlich einen Partner nicht mehr wahrnehmen kann, was – nach Frisch – das Ende jeder Liebe bedeutet.

Am Ende könnte folgende Ergebnissicherung festgehalten sein:

Gründe für das Scheitern der Beziehungen – die Rolle von ...

Faber (-Hanna)
– ist egoistisch
– verhält sich gefühllos
– für ihn wäre Heirat nur eine nüchterne Lösung
– empfindet keine Vaterfreude
– ist unsensibel mit Abtreibungsvorschlag
– denkt nur an seine Karriere
– nimmt Frauen nicht ernst

Hanna (-Joachim)
– ist nach der Geburt egoistisch
– lässt Joachim nicht zum Partner werden
– heiratet aus Pragmatik
– will ein vaterloses Kind
– will keine weiteren Kinder: Sterilisation
– entscheidet allein über die Zukunft
– glaubt sich gegen den Mann behaupten zu müssen

Gemeinsames Fehlverhalten:
Egoismus, unsensibles Verhalten verhindern Partnerschaft, ich-bezogene Lebensplanung, Klischeedenken

Alternativ könnte Hannas Mitverantwortung an den katastrophalen Ereignissen auch über folgenden (gemeinsamen) Schreibauftrag herausgearbeitet werden:

- *In Fabers letzten Tagebuchaufzeichnungen vor seiner Operation finden sich Hinweise, was in Hanna nach Sabeths Tod vor sich geht (S. 182-185 und S. 198-203). Stellen Sie sich vor, auch Hanna hat die Ereignisse um Sabeths Tod in Form von Tagebuchaufzeichnungen aufzuarbeiten versucht. Schreiben Sie einen Tagebucheintrag, den Hanna am Vorabend von Fabers Operation verfasst haben könnte.*

5.7 ☐ Homo faber – Absage an erstarrte Bildnisse

Frischs leidenschaftliche Absage an Bildnisse in seiner ins Anthropologische gewendeten Deutung des „zweiten Gebots" in seinem Text „Du sollst dir kein Bildnis machen" aus seinem Tagebuch 1946-49 soll die Beschäftigung mit der Geschlechterfrage im Roman beschließen.

Hanna und Faber begreifen sich selbst und andere nach festen Vorstellungsrastern. Sie haben eine Rolle zu ihrer Identität erklärt, die des nüchternen Technokraten, der ohne Bindung frei sein will, bzw. die der selbstständigen Frau, die keine Männer braucht; sie machen sich Bilder vom anderen Geschlecht, sind verhärmt und unfähig zur Partnerschaft. Frisch nennt solche Wahrnehmungsmuster „Bildnisse".

Frisch relativiert sowohl das männliche Prinzip des Homo faber, der „seinen Stolz bekundet, wenn er einen Stauwehr, einen Wolkenkratzer, eine Atombombe schafft" und so „seine Macht über die Welt ausdehnt" (de Beauvoir, S. 71). Faber, der über Tod, Schmerz, Emotionen, Frauen und andere Völker siegen will, wird letztlich von den verdrängten Schichten seines Selbst übermächtigt, die aus seinem Unterbewussten hervordrängen.

Ebenso relativiert Frisch das weibliche Prinzip Hannas: Der Roman „Homo faber" ist kein Plädoyer für Schicksal, Mythos oder ‚Nur-Weiblichkeit'. Beide Einstellungen zum Leben werden in ihrer Einseitigkeit entlarvt: ein integrierendes Prinzip, in der Figur Sabeths verkörpert, scheint als nur hypothetisch auf.

Sowohl Hanna als auch Faber sind eindimensionale Menschen (Marcuse), deren Eindimensionalität anfällig ist für den Einbruch des verdrängten gegenteiligen Prinzips.

Frisch entlarvt die zerstörerische Macht solcher Eindimensionalität; fertige Antworten, Lösungen entwickelt der Roman jedoch nicht, diese sollen sich im Leserbewusstsein vollziehen. Im Unterricht kann den durch den Roman ausgelösten Fragen anhand des Textes „Du sollst dir kein Bildnis machen" nachgegangen werden. Die Bildnisproblematik zieht sich wie ein roter Faden durch Frischs Werke. Frisch zitiert das alttestamentarische Bildnisgebot „Du sollst dir kein Bildnis machen", überträgt es auf das Ebenbild Gottes, den Menschen, der als unfassbares Geheimnis behandelt werden soll. Frisch nennt es eine Versündigung, Menschen in feste Vorstellungen zu pressen; die Liebe – so seine Hoffnung – könne aus Bildnissen befreien, da wir dem Geliebten „in allen seinen möglichen Entfaltungen zu folgen" bereit sind.

Indem Frisch das Scheitern bildnisbestimmter, klischeehaft dualistischer Selbst- und Weltbilder in der Gestalt Hannas und Fabers vorführt, erkennt der Leser das leidenschaftliche Plädoyer Frischs für ein Leben jenseits totalisierender Wahrnehmungen, die den anderen zu einem „Erzeugnis", [...] Opfer" (Frisch, Tagebuch, S. 29) degenerieren.

Baustein 5: Wie Männer und Frauen sind – Die Bildnisproblematik des Romans

Zur Annäherung an die Bildnisproblematik bei Frisch wird das Zitat „Du sollst dir kein Bildnis machen" an die Tafel geschrieben. Die Schüler benennen, woher sie dieses Zitat kennen und was das biblische Gebot besagt. Dann wird der Text Frischs aus dem Tagebuch ausgegeben (s. Zusatzmaterial 18, S. 72).

❐ *Finden Sie heraus, um welche Bildnisse es hier geht und welches Anliegen Frisch damit verbindet.*

Die Schüler lesen den Text still in Einzelarbeit, dann werden gemeinsam Verständnisfragen geklärt und der Leseauftrag wird beantwortet.

Um dieses erste Verständnis zu vertiefen, sollen die Schülerinnen und Schüler – am besten in Partnerarbeit – den Text auf folgende Fragestellung hin auswerten:

❐ *Was ist eine liebende Haltung, was eine lieblose Haltung einem anderen gegenüber?*

Die Ergebnisse werden in knappen Stichworten an der Tafel festgehalten. Auf diese Weise wird genauer ergründet, was Frisch unter einem Bildnis versteht und wie es seiner Meinung nach wirkt.

Nach der Erarbeitung schließt sich nun ein doppelter Transfer an, der gleichzeitig den ganzen Rahmen des Bausteins schließt und so die Sequenz abrundet, indem die Schüler auf folgende Schlüsselimpulse hin die Ergebnisse aus der gesamten Unterrichtseinheit zusammentragen und für sich ein Resümee ziehen:

❐ *Wo finden Sie die Bildnisproblematik im Roman wieder?*

Der Lehrer verweist auf die Wandplakate (s. 5.1), die entweder immer noch im Raum hängen oder noch einmal aufgehängt worden sind:

❐ *Was würde Max Frisch wohl zu Ihren Plakaten sagen?*

❐ *Alle haben bestimmte Vorstellungen vom anderen Geschlecht. Was ist für Sie diesbezüglich die Botschaft des Romans?*

Der letzten Frage kann auch durch eine Produktionsaufgabe nachgegangen werden:

❐ *Schreiben Sie einen Brief an den Autor, in dem Sie ihm persönlich mitteilen, wie Sie die Geschlechterproblematik im Roman sehen und welche Bedeutung hier der Roman für Sie gewonnen hat.*

Der Tod Sabeths und die Schuldfrage – ein Vergleich von Buch und Film

Der Vergleich von Film und Roman beschränkt sich auf die Analyse des Unfalls in beiden. Wer eine Interpretation des gesamten Films anschließen möchte, findet eine gute Analyse in der Reihe Film und Literatur 4. Matiaske/Marci-Boehncke/Kirchner: Sansibar oder der letzte Grund. Homo faber. Der Mann auf der Mauer. Frankfurt a.M.: Diesterweg 1995 (s. auch Zusatzmaterialien 20, S. 74 ff.).

Anhand des Vergleichs der filmischen Realisierung von Sabeths Tod mit dem Romangeschehen soll die Frage der Schuld thematisiert werden: Ist der Tod Sabeths im Roman ein schicksalhaftes Geschehen, in das Faber schuldlos verstrickt wird, oder ist er ein „fälliger" Zufall (vgl. zu Frischs Verständnis der Fälligkeit des Zufalls Zusatzmaterial 23, S. 86)?

Anhand des gewählten Handlungsausschnittes sollen die radikalen Veränderungen der filmischen Inszenierung gegenüber der Romanvorlage erarbeitet werden. Häufig erwarten Schüler von einer Literaturverfilmung, dass Handlung, Charaktere, Intention des Autors möglichst getreu in das Medium Film umgesetzt werden. Schon die Betrachtung des gewählten Handlungsausschnittes enttäuscht diese Erwartung und macht Schlöndorffs Umgang mit der Romanvorlage deutlich: Schlöndorff benutzt diesen nicht als ein Drehbuch, sondern er übernimmt lediglich den Plot und realisiert diesen neu. Seine Verfilmung ist ein Kunstwerk „sui generis", das einer eigenständigen Interpretation bedarf.

Im Gegensatz zum Roman verdrängt Faber im Film seine Ahnung, dass Sabeth seine Tochter sein könnte, nicht; er geht deshalb schon vor der Nacht in Akrokorinth auf Distanz zu Sabeth. Das Metaphernspiel am Vorabend von Sabeths Unfall, das ein Höhepunkt in Fabers und Sabeths Beziehung und ein Durchbruch von Fabers Entwicklung darstellt, entfällt im Film. Kernpunkte des Romans, der Schlangenbiss und der Sturz Sabeths, werden im Film völlig neu bewertet: Sabeth weicht vor der Schlange zurück und stürzt. Faber kommt bekleidet aus dem Wasser und nimmt den Sturz nicht wahr. Faber, der Sabeth sicher zu ihrer Mutter nach Athen zurückbringen wollte, erreicht genau das Gegenteil und wird wie der Ödipus der griechischen Tragödie unschuldig schuldig.

Darin folgt Schlöndorff Fabers erstem Bericht vom Unfallhergang (vgl. S. 127). Auch hier schildert Faber den Unfall so, dass der Eindruck entsteht, Sabeths Unfall sei die Folge eines Schlangenbisses: Sabeth stürzt nach einem Schlangenbiss bewusstlos in den Sand, der hinzueilende Faber leistet erste Hilfe, indem er die Wunde aussaugt und Sabeth in einer abenteuerlichen Rettungsaktion in ein Hospital bringt.

Gemäß dem für Faber typischen Nachholstil (vgl. Baustein 1) schildert er erst im weiteren Verlauf seines Berichtes den tatsächlichen Unfallhergang, der seine Verstrickung in die Ereignisse enthüllt: Sabeth weicht vor dem zu Hilfe eilenden, nackten Faber zurück und stürzt über eine Böschung. Erst durch Fabers Verdrängung von Sabeths Reaktion auf seine Nacktheit werden Sturz und Tod verursacht: Das tragische Geschehen ist in dieser zweiten Fassung nicht die Folge

Baustein 6: Der Tod Sabeths und die Schuldfrage

eines von höheren Mächten diktierten Schicksalzusammenhangs wie im Mythos des Ödipus; Sabeth stirbt nicht am Biss der Schlange, sondern an einer Schädelfraktur, die aufgrund von Fabers ungenauem Unfallbericht nicht diagnostiziert wurde. Diese Pointe, die Fabers Schuld offenbart, enthüllt sich erst ganz am Schluss. Die Ereignisse sind ebenso nicht die Folge von Zufällen, die von außen über Faber hereinbrechen, sondern die Ereignisse haben ihren Grund in der Zwiespältigkeit Fabers sowie in dem verdrängenden Umgang mit seiner Verstrickung in die Ereignisse, sodass das Hereinbrechen des Irrationalen in sein einseitig rationales Welt- und Selbstkonzept „fällig" erscheint. Im Film wird Faber schuldlos schuldig, der schicksalshafte Verlauf kommt nicht in erster Linie aus den verdrängten Schichten von Fabers Innern, sondern „die Götter strafen Faber blind, indem sie zuschlagen, um den Menschen daran zu erinnern, dass er nicht selbst bestimmt" (Schlöndorff in einem Spiegel-Gespräch 12/1991, vgl. Zusatzmaterial 21, S. 84).

Meint Schlöndorff gerade hierin die Intention Frischs zu treffen, so kann dies am Ende des Bausteins problematisiert werden, denn der Film fördert eine Schicksalsgläubigkeit, die der Roman gerade bricht.

Da eine genaue Textkenntnis Voraussetzung ist, sollen die Schüler in einer vorbereitenden Hausaufgabe die beiden Berichte Fabers zum Unfall auf den Seiten 127 sowie auf den Seiten 156-158 in Bezug auf das Verhalten Fabers (nach seiner Erkenntnis, dass Sabeth Hannas Tochter ist), den Unfallhergang sowie die Konsequenzen für die Frage der Schuld untersuchen und auf einem Arbeitsblatt festhalten.

Die Erarbeitung beginnt dann mit dem in der Hausaufgabe vorbereiteten Vergleich der beiden Schilderungen des Unfallherganges.

❐ *Wie verhält sich Faber, nachdem er erkennt, dass Sabeth Hannas Tochter ist?*
❐ *Wie kommt es genau zum Tod/Unfall Sabeths?*

Die Ergebnisse werden auf dem Arbeitsblatt 6, S. 51, das über Folie für alle sichtbar gemacht werden sollte, eingetragen.
Unter Rückgriff auf die Ergebnisse von Baustein 1 wird nochmals der für Faber typische Nachholstil herausgearbeitet und auf dem Arbeitsblatt notiert.

Da es bei der Analyse des Filmausschnittes auf die Wahrnehmung von Details ankommt, sollte der Filmausschnitt erst gezeigt werden, nachdem die Ergebnisse der Textanalyse gesichert sind. Da der Filmausschnitt zu lang ist, um Unsicherheiten in der Beobachtung durch Zurückspulen zu klären, ist durch dieses Vorgehen genaues Wahrnehmen bei einmaligem Sehen eher ermöglicht, da den Schülern durch die genaue Textanalyse klar ist, worauf sie ihre Wahrnehmung richten müssen.

Die Schüler erhalten den Auftrag, ihre Beobachtungen gemäß der doppelten Fragerichtung, die schon leitend für die Textanalyse war, auf dem Arbeitsblatt festzuhalten.

Die Beobachtungen werden zusammengetragen und sukzessive auf dem Arbeitsblatt bzw. der Folie festgehalten.
Konsequenzen der unterschiedlichen Darstellung im Hinblick auf die Schuldfrage werden erörtert und notiert. Falls dem Kurs der „König Ödipus" von Sophokles bekannt ist, könnte an dieser Stelle der Frage nachgegangen werden, ob Faber ein moderner Ödipus ist. Zusatztexte hierzu finden sich im Anhang (s. Zusatzmaterial 22, S. 85).

Baustein 6: Der Tod Sabeths und die Schuldfrage

In folgende Gegenüberstellung (Folie) sind bereits mögliche Ereignisse eingetragen:

	Roman		**Film**
	erste Schilderung Fabers	zweite Schilderung Fabers	
Verhalten gegenüber Sabeth		Verdrängung, dass S. seine Tochter sein könnte; Fortführen der Beziehung	keine Verdrängung, will S. zu Hanna bringen; F. distanziert sich von S.
Unfallhergang	F. kommt, S. stürzt, S. liegt bewusstlos, F. bemerkt Bisswunde, saugt Biss aus, Rettungsaktion	S. schläft, F. schwimmt; S. schreit; F. kommt ans Ufer, S. rennt; F. eilt ihr nach; S. weicht vor nacktem Faber zurück und fällt über die Böschung;	S. weicht vor Schlange zurück und stürzt; Faber nimmt Sturz nicht wahr und kann daher den genauen Hergang nicht schildern;
	Unfall als Folge des Schlangenbisses dargestellt	sie erleidet einen Schädelbruch, an dem sie stirbt; Faber schildert den Unfallhergang ungenau	
Schuld Fabers	Faber wird schuldlos schuldig	Schuld Fabers = Verdrängung seiner Ahnung/ seines Wissens	Faber wird schuldlos schuldig

für Faber typischer Nachholstil:
Verdrängtes wird nur schrittweise zurückgeholt
Schuldhaftes zunächst ausgespart
Prozess zunehmender Bewusstwerdung und Annahme von Schuld

Film etabliert Schicksalsgläubigkeit, die der Roman bricht

Nach dieser Analyse sollte Raum sein, Schlöndorffs Umgang mit der Romanvorlage zu beschreiben und mit den eigenen Erwartungen an eine Verfilmung zu vergleichen.
Über die Gründe für Schlöndorffs Veränderungen sollte spekuliert werden:

❐ *Warum folgt Schlöndorff Fabers erstem Bericht des Unfallhergangs?*
❐ *Welches Verständnis von Wirklichkeit motiviert diese Entscheidung?*

Folgendes Zitat Schlöndorffs aus einem Spiegel-Gespräch (vgl. Zusatzmaterial 20, S. 74 ff.) kann zur Problematisierung von Schlöndorffs Umgang mit der Romanvorlage überleiten:

Baustein 6: Der Tod Sabeths und die Schuldfrage

Schlöndorff: „Wenn von Schuld die Rede sein soll, würde Frisch etwa sagen: Seine Schuld ist, dass er glaubt, er könnte Herr des eigenen Schicksals sein, er könne sein Leben kontrollieren. Die Götter strafen ihn blind, indem sie zuschlagen und ihn zerstören, um den Menschen daran zu erinnern, dass er nicht selbst bestimmt."

- *Worin sieht Schlöndorff die Schuld Fabers im Roman?*
- *Trifft Schlöndorff Ihrer Meinung nach die Intention Frischs?*

Ergebnisse der Problematisierung werden auf dem Arbeitsblatt festgehalten.

Notizen:

Der Tod Sabeths und die Schuldfrage

Vergleich eines zentralen Handlungsausschnitts in Roman und Film

	Roman		Film
	erste Schilderung Fabers (S. 127)	zweite Schilderung Fabers (S. 156-158)	
Verhalten gegenüber Sabeth			
Unfallhergang			
Schuld Fabers			

Untersuchen Sie:
Wie verhält sich Faber, nachdem er erkannt hat, dass Sabeth Hannas Tochter ist?
Wie kommt es genau zum Tod/Unfall Sabeths?

Zusatzmaterial 1

Quiz

Quizfragen zur Abprüfung der Textkenntnis und als Vorbereitung der Analyse und Interpretation des Homo faber

Welche technischen Geräte begleiten Faber auf seinen Reisen?

Kamera (u.a. S. 10), Schreibmaschine „Hermes Baby" (u.a., S. 29), elektrischer Rasierapparat (u.a. S. 9)

Wie starb Joachim?

Er erhängte sich mit einer Drahtschlinge, das Radio lief noch. (S. 55)

Welcher „Zufall" entschied, dass Walter Faber die Schifffahrt nach Europa bucht?

Nylonfaden im Rasierapparat, Zerlegung desselben (S. 63)

Walter Faber war zweimal in Caracas. Welche Situationen sind dabei genau entgegengesetzt?

1. Besuch: gesund, aber kein Material vorhanden (S. 57)
2. Besuch: krank, aber Turbinen waren vor Ort (S. 170)

Warum scheiterte die Eheschließung von Faber und Hanna in Zürich? Es gibt zwei Versionen...

Faber: Hanna wollte nicht heiraten (S. 33 u.a.)
Hanna: Seine Äußerung „dein Kind", als es um die Abtreibung bzw. die „Zwangsheirat" ging (S. 202-48)

Was ist Hanna von Beruf?

Sie arbeitet in einem archäologischen Institut in Rom. (S. 112)

Welches Naturereignis verfolgen Faber und Sabeth in Avignon?

Eine Mondfinsternis (S. 123ff.)

Welche Transport-/Verkehrsmittel benutzt Walter Faber?

Flugzeug, Eisenbahn, Auto (Jeep), Schiff, Eselswagen

Wie heißt der „Künstler", den Faber im Urwald trifft, welchen Beruf hat er, woher kommt er und was macht er im Urwald?

Marcel, Boston, Musiker (S. 39, 49); er interessiert sich für die Maya-Ruinen (S. 44)

In welchen Zusammenhängen versucht sich Faber mit Statistik zu beruhigen?

Flugzeugabsturz (S. 22), Sabeths Unfall (S. 130), Überlebenschancen (S. 164)

Woran stirbt Sabeth?

An einer Fraktur der Schädelbasis (S. 156)

Max Frisch – Eine Kurzbiografie

* 15.5.1911 *in Zürich*
† 4.4.1991 *ebenda*

© dpa

Die Bücher des Schweizer Autors Max Frisch erleben immer neue Auflagen, viele seiner Stücke stehen auf den Spielplänen der Theater in aller Welt, er selbst wurde dafür mit über 20 Literaturpreisen ausgezeichnet.

Doch sein Lebenslauf ließ diese Erfolge als Schriftsteller zunächst nicht ahnen. Frisch wurde als Sohn eines Architekten in Zürich geboren. Nach dem Abitur begann er mit dem Studium der Germanistik, das er jedoch wegen seiner journalistischen Tätigkeit und den damit verbundenen ausgiebigen Reisen nach Südosteuropa, nach Russland und in die Türkei aufgab. Nach seiner Rückkehr nach Zürich schloss er das inzwischen aufgenommene Architekturstudium ab (1940). Seit 1944 unterhielt er ein erfolgreiches Architekturbüro, das er 1955 endgültig aufgab, um sich nur noch der Schriftstellerei zu widmen. Schon während dieser Zeit führte er eine Doppelexistenz als Schriftsteller, entfliehender Weltbürger und Reisender. In seinen schon früh veröffentlichten *Tagebüchern* (1940, 1950, 1972) legte er seine persönliche Sichtweise von der heutigen Welt und der Erkundung seiner Rolle als kritisch denkender und handelnder Mensch und Schriftsteller nieder.

Viele seiner Stücke und Erzählungen, wie *Andorra* und *Stiller*, finden hier ihren Ursprung. Schon kurz nach Kriegsende stellt er in *Nun singen sie wieder* (1945) die Frage, aus welchen Gründen sich das deutsche Volk dem Nationalsozialismus auslieferte. Eine mögliche Antwort darauf gibt es in dem Hörspiel *Biedermann und die Brandstifter. Ein Lehrstück ohne Lehre* (1955). Feigheit, spießbürgerliche Beschränktheit, Egoismus und das Nichtwahrnehmenwollen von äußeren und inneren Gefahren veranlasst die deutschen Biedermänner den Brandstiftern beim Niederbrennen der Häuser noch behilflich zu sein. Diese Erkenntniskette schließt sich in dem wohl bekanntesten Stück *Andorra* (1961). Die von seiner Umgebung gemeinsam und nicht hinterfragt vertretene Meinung, er sei Jude, verändert das Leben des Protagonisten und das seiner Mitbürger so weit, dass er selbst daran zu glauben beginnt und sich unschuldig opfert. Frisch behandelt in diesem „Modell" erneut die Grundlagen und Folgen von individueller und gemeinschaftlicher Schuld und Machtausübung. „Du sollst dir kein (vorgefasstes) Bild machen" mahnt er dazu in seinem *Tagebuch* an. Dennoch hofft er dem Zuschauer, Hörer oder Leser mit seiner Arbeit Augen und Ohren zu öffnen, sodass dieser aus dem Dargestellten zukünftiges Handeln ableiten kann. Doch dieser Hoffnung stellt Frisch Zweifel gegenüber. In seinem ersten großen Roman, *Stiller* (1954), möchte der Schweizer Bildhauer Stiller ein anderer sein, als er eigentlich ist. Dies gelingt ihm aber nicht. Vielmehr verleugnet er sich selbst und macht sich damit schuldig. Auch in seinem zweiten Roman *Homo faber* (1957) beschreibt Frisch das Scheitern seiner Handlungsfigur, des fortschritts- und wissenschaftsgläubigen Technikers Faber, in dessen Leben der Zufall mehrmals eingreift und es von Grund auf verändert. Faber hat von sich selbst und seinem Leben eine falsche Vorstellung; in einem mühsamen Prozess der Selbsterkenntnis lernt er jedoch, sein „Schicksal" anzunehmen. Die Problematik des *Stiller* führt Frisch in dem formal sehr kunstvollen Roman *Mein Name sei Gantenbein* (1964) weiter. Er beschreibt hier die Identitätssuche seines Ich-Erzählers, seine Suche nach einer persönlichen und gesellschaftlichen Rolle. – In den 70er Jahren, in denen politische Literatur hoch im Kurs stand, wurde es etwas stiller um Frisch, der außer in Berlin und New York vor allem in Berzone im Tessin lebte. Die auch verfilmte Erzählung *Montauk* (1975) beschreibt wehmütig einige Glückstage, die ein alternder Schriftsteller auf Long Island mit einem jungen Mädchen verbringt. 1979 folgt *Der Mensch erscheint im Holozän,* die weitgehend autobiografische Geschichte eines im Tessin allein lebenden alten Mannes, der sich angesichts der Größe der Naturgewalten seiner eigenen Bedeutungslosigkeit mehr und mehr bewusst wird. 1982 veröffentlichte er die auch als Hörspiel gesendete Erzählung *Blaubart*. Danach zog er sich immer mehr aus der literarischen Öffentlichkeit zurück. Bis zu seinem Tod erschienen noch die politischen Essays und Reflexionen: *Jonas und sein Veteran, Schweiz ohne Armee?* und *Schweiz als Heimat?*

Aus: dtv junior Literatur-Lexikon Hrg. von Heinrich Pleticha. © 1986
Gemeinschaftliche Ausgabe: Cornelsen Verlag GmbH, Berlin, und
Deutscher Taschenbuch Verlag, München

Zusatzmaterial 3

Die chronologische Ereignisfolge

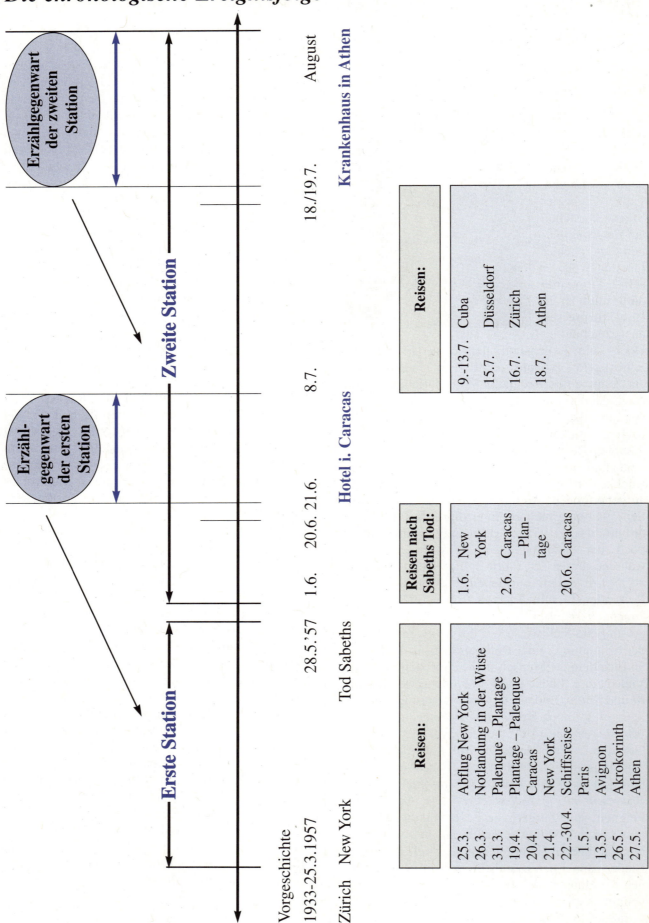

Die „Geschichte"

Führt man die auf der Ebene des Textes geschilderten Ereignisse auf die Ebene der chronologisch geordneten „Geschichte" zurück, so lassen sich eine Vorgeschichte und eine Haupthandlung unterscheiden.

Die Vorgeschichte ist aus den verschiedenen Einschüben in die Haupthandlung rekonstruierbar und spielt in der Zeit von 1933-1956. Sie enthält die Schlüssel zum Verhalten der Mittelpunktsfigur des Romans, des 50-jährigen Schweizer Ingenieurs Walter Faber, während des Hauptgeschehens im Jahre 1957.

Walter Faber ist in den Jahren 1933-35 Assistent an der Eidgenössischen Technischen Hochschule in Zürich. Er lernt die Kunststudentin Hanna Landsberg aus München kennen, eine Halbjüdin, und versteht sich gut mit ihr. Als Faber ein Angebot von einer Firma aus Bagdad erhält, eröffnet ihm Hanna, sie erwarte ein Kind. Er reagiert sehr zurückhaltend. Deshalb weigert sich Hanna kurz vor der standesamtlichen Trauung, in die Heirat einzuwilligen. Faber und Hanna vereinbaren eine Schwangerschaftsunterbrechung.

Faber reist 1936 allein nach Bagdad, und zwar in dem Bewusstsein, dass das Kind abgetrieben wird. Hanna ändert jedoch ihren Entschluss, heiratet Fabers Freund Joachim und schenkt ihrer Tochter Elisabeth das Leben. Kurze Zeit später (ca. 1937) wird die Ehe geschieden. Hanna arbeitet zunächst in Paris bei einem Verlag (1938), dann flieht sie nach dem Einmarsch der Deutschen (ca. 1941) nach England. Nach dem Krieg heiratet sie Piper, einen deutschen Kommunisten, lässt sich jedoch 1953 wieder scheiden und geht mit ihrer Tochter nach Athen, wo sie wissenschaftliche Mitarbeiterin an einem archäologischen Institut wird. Ihre Tochter, von ihr Elsbeth genannt, erhält 1956 ein Jahresstipendium an der Yale-Universität/USA.

Über sein eigenes Leben in dieser Zeit erzählt Faber nichts. Der Leser erfährt nur, dass er seit 1956 in New York lebt und als Ingenieur für die UNESCO tätig ist.

Diese Informationen sind schubweise in die Haupthandlung, die eigentliche „Geschichte", eingebaut. Diese hebt sich als ein im Großen und Ganzen chronologisch geordneter Erzählstrang deutlich ab, wenn sie auch immer wieder durch erzähltechnisch bedingte zeitliche Umstellungen, durch die erwähnten Rückblenden und durch Vorausdeutungen unterbrochen wird.

Bei dieser „Geschichte" handelt es sich um eine Ich-Erzählung: Walter Faber berichtet und kommentiert als Ich-Erzähler rückblickend die merkwürdige Verkettung von Ereignissen in den letzten fünf Monaten, in denen sein in der Vorgeschichte beschriebener Lebensabschnitt weiterwirkt:

- Er lernt auf einer Flugreise den Bruder seines Jugendfreundes Joachim kennen und erhält von ihm während einer Notlandung in der Wüste Informationen über Joachim und Hanna.
- Er unternimmt mit Joachims Bruder eine Suchexpedition nach dem im Dschungel verschollenen Joachim und findet dessen Leiche.
- Er macht auf einer Schiffsreise nach Europa die Bekanntschaft einer Studentin namens Sabeth, die zur engen Bindung wird und mit dem tödlichen Unfall des Mädchens endet. Sabeth ist, wie sich schrittweise enthüllt, Fabers Tochter.
- Er begegnet nach Sabeths Unfall Sabeths Mutter, seiner Jugendfreundin Hanna.

Während dieser fünf Monate ist Faber ständig bemüht, zunehmende Magenschmerzen zu verdrängen, doch am Ende muss er sich einer Operation unterziehen und stirbt.

Aus: Manfred Eisenbeis: Lektürehilfen Max Frisch „Homo faber", S. 7/8 © Ernst Klett Verlag GmbH, Stuttgart, 11. Auflage 1995.

Zusatzmaterial 5

Kartografie der Schauplätze
(zu Baustein 2):

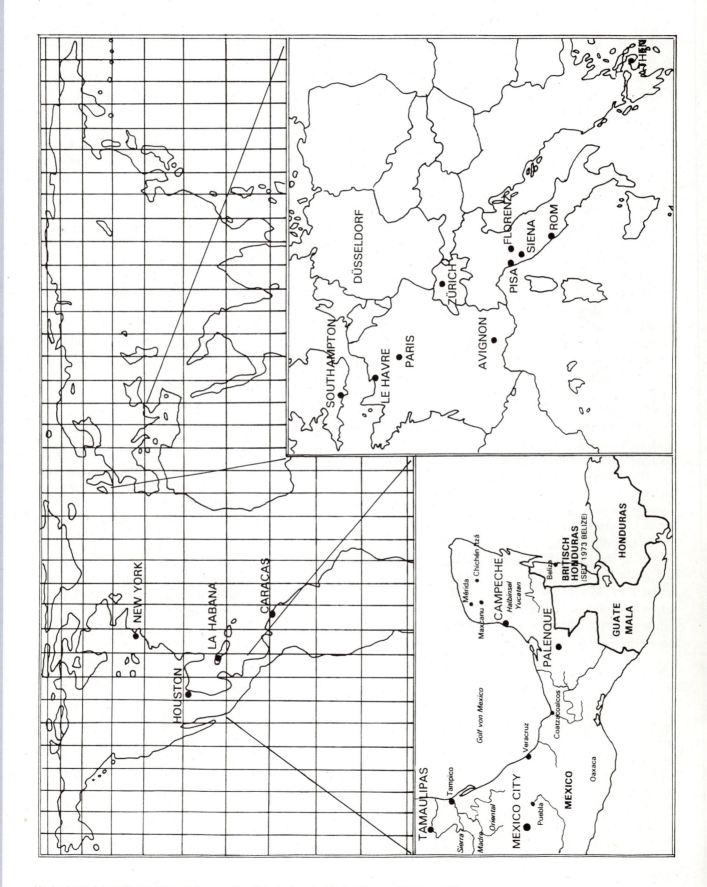

Nach: deutsch betrifft uns. Homo faber von Max Frisch. Aus der Werkstatt eines Dichters. 4/93

Bedeutung der Schauplätze und des Schauplatzwechsels

Die einzelnen geografischen Schauplätze des *Homo faber* sind für seine Deutung fast ebenso wichtig wie die Hauptfiguren selbst. Fabers erratische Reiseroute berührt Dutzende von Orten, Staaten, Flüssen, Bergen und Gebieten. Im Ganzen aber lassen sie sich in die drei größeren Gruppen gliedern: Neue Welt, Alte Welt und Dritte Welt.

Fast programmatisch beginnt der Roman mit dem Satz: „Wir starteten in La Guardia, New York […]", der einen dreifachen Verweischarakter besitzt. Erstens ist La Guardia der Ausgangspunkt der ersten langen Reise Fabers, die ihm eine Konfrontation mit der Vergangenheit bringt. Zweitens legt der Satz die Zugehörigkeit des Berichtenden – noch ist sie ungebrochen – zur Neuen Welt dar. Und drittens deutet er an, dass die nun folgenden Ereignisse ohne eine räumliche Entfernung des Helden von seiner Wahlheimat wohl kaum hätten stattfinden können. Faber lebt seit zehn Jahren in den Vereinigten Staaten und identifiziert sich zunächst vollkommen kritiklos mit der Denkweise dieses Landes. Alle Klischees der amerikanischen Fortschritts- und Technikgläubigkeit dieser Zeit gibt er wieder, ohne sie im Mindesten in Frage zu stellen. Erst gegen Ende des Berichts und *nach* der Erschütterung durch den Tod Sabeths überkommen ihn Wut und Abscheu gegenüber dem Amerikanismus. Dem Gesinnungswandel Fabers entspricht, dem kontrapunktischen Bauprinzip des Romans gemäß, die viel früher eingeführte antiamerikanische Einstellung Marcels. Marcel ist der erste Amerikaner, der im ersten Teilbericht persönlich zu Wort kommt. Walter betrachtet ihn zu diesem Zeitpunkt als versponnen und verdächtigt ihn aufgrund seiner Äußerungen einer kommunistischen Überzeugung (50). (Bemerkenswert für den Leser von heute ist übrigens, dass sich an diesem Abwehrmechanismus vieler Amerikaner gegenüber berechtigter Systemkritik bis heute nichts geändert hat: Günter Grass hat bei seiner Ansprache anlässlich des PEN-Kongresses in New York 1986 darauf hingewiesen.) Marcel seinerseits vertritt in seiner pauschalen Ablehnung des Amerikanismus freilich alle griffigen Klischees des amerikanischen Intellektuellen der fünfziger Jahre – den Untergang der weißen Rasse, die Zukunftslosigkeit Amerikas, dessen vergeblichen Versuch, das Leben zu „kosmetisieren" usw. – und bleibt, auch wenn er in der Sache keineswegs Unrecht hat, mit seinen Urteilen ebenso an der Oberfläche wie Fabers kritiklose Affirmation.

Nach der Guatemala-Episode kommen Ivy und der Arbeitskollege Dick ins Blickfeld. Beide dienen der Charakterisierung des „American way of life". Beide sind flache, folienhafte und dem jeweiligen Stereotyp auf den Leib geschriebene Figuren. Dick ist vollkommen unverbindlich, „einer von denen, die uns das Leben retten könnten, ohne dass man deswegen je intimer wird" (59). Faber „bewundert" ihn zu diesem Zeitpunkt noch und hat ihn sich „zum Vorbild genommen" (176). Menschliche Begegnungen finden bei Dick in Form der „Saturday night parties" statt. Nach Fabers Abreise aus New York verschwindet Ivy aus seinem Leben und dem Romangeschehen: Dies eine Vorausdeutung auf seine Abkehr vom Amerikanismus.

Aber erst auf Cuba gelangt der Held zu der Einsicht: „Marcel hat Recht" (177). Seine Tirade gegen Amerika entspricht der Lebensfreude an der Naturschönheit Cubas, die er in vollen Zügen genießt. Jetzt braucht er nicht mehr zu filmen: Er hat sehen gelernt. Aber wiederum entzündet Faber sich in seiner Amerikakritik an Oberflächlichem und gelangt ebenso wenig wie zuvor zu einer sachlichen Analyse der amerikanischen Verhältnisse. Was ihn jetzt ekelt, sind letztlich bloß Klischees: die äußere Hässlichkeit, Vitamintabletten, Coca Cola, die Kosmetisierung des Alterns und des Todes usw. Völlig außer Acht bleiben die gesellschaftlichen und ökonomischen Bedingungen des Landes: Faber stößt sich an Symptomen, nicht aber an ihren Ursachen. Das wird gleichfalls klar an seiner völlig naiven, hymnischen Darstellung der Lebenswirklichkeit Cubas in den fünfziger Jahren. Denn das Cuba der Zeit ist nicht Gegenstück, sondern *Produkt* der amerikanischen Politik und *Teil* der amerikanischen Einflusssphäre seit dem spanisch-amerikanischen Krieg von 1898. Bis zur siegreichen Revolution Fidel Castros (1959) war Cuba de facto amerikanische Kolonie. Faber aber sieht nicht ein ausgebeutetes Volk von Analphabeten, sondern „lauter schöne Mädchen, auch die Männer sehr schön, lauter wunderbare Menschen" (173). Seine Absage an die „Bleichlinge" mit der „rosige[n] Bratwurst-Haut" (176) und sein Lobgesang Cubas entsprechen einander in ihrer platten Oberflächlichkeit.

Mit der Reise nach Europa, die in Griechenland endet, kehrt Faber auch symbolisch zu den Wurzeln europäischer Kultur zurück. Der im amerikanischen Weltbild fehlende Bezug zur geschichtlichen Zeit wird auf Schritt und Tritt durch die künstlerischen Zeugen der Vergangenheit dargestellt, die Walter und Sabeth nun umgeben. In der Alten Welt, der Welt der Atriden und des Ödipus, werden noch Sünden durch Strafen geahndet, vollziehen sich Schicksale nach einem vorbestimmten

Plan. Und tatsächlich: Je näher Faber Athen kommt, desto näher kommt er der Vergangenheit und der Erfüllung seines „Schicksals". Hanna – hierin entspricht sie Ivy, die die Neue Welt repräsentiert – verkörpert Europa. Im Gegensatz zu Ivy und Faber sieht sie die Zeit als Kontinuum (ihre Arbeit ist es, die Vergangenheit zu restaurieren) und begreift sich selbst und andere als vergänglich. Ihre Antwort auf Fabers simplifizierende Feststellung nach Sabeths Tod, das Leben gehe doch weiter, spricht für sich: „Aber vielleicht ohne uns." (159) Die Dritte Welt, von Cuba einmal abgesehen, wird von Faber als Aufgabe technischer Entwicklung und merkantiler Erschließung angesehen. Cuba kontrapunktisch zugeordnet im Roman ist Guatemala. Dieses Land gleicht in den Augen des Homo faber einem großen Zoo, in dem man fremdartige, aber friedliche Tiere beobachten kann. Weder die verheerenden sozialen Verhältnisse des Landes noch seine politische Lage kommen zur Sprache. Eine kommunistische Regierung hatte sich 1952 der Ausbeutung durch die amerikanische United Fruit Company widersetzt. Dies hatte einen von den Vereinigten Staaten von Honduras aus inszenierten Coup zur Folge, der mit der Verkündung einer neuen Verfassung (März 1956) endete. All das interessiert Faber nicht. Henckes vage Andeutung von Unruhen tut er ab. „Revolte der Eingeborenen! Daran glaube ich nicht einen Augenblick lang" (38). Als „weibisches Volk, unheimlich, dabei harmlos" (ebd.) haben die Bewohner des Landes keine Chance, sich gegen den Segen der Technik aus Amerika zu behaupten.

Zusammenfassend lässt sich sagen, dass die drei größeren Schauplätze des Romans lediglich im gängigen Klischee geschildert und begriffen werden: Amerika ist Konsum, Vermassung und dürftige Plastikwelt. Europa dagegen ein Sortiment von Denkmälern der Vergangenheit und der Glaube an eine heile Welt. Die „Entwicklungsländer" schließlich erscheinen als paradiesische Tummelplätze des Tourismus oder als Prüfstand für die technokratischen Stoßtrupps der überlegenen weißen Rasse. (Dass diese Oberflächlichkeit des Berichts vom Autor keineswegs kritisch intendiert ist, sondern weithin seiner eigenen Sicht entspricht, belegen u.a. Frischs [...] Reiseberichte und auch seine Tagebücher.) In der Weise aber wie Faber, von wenigen Augenblicken der tieferen Einsicht abgesehen, die Welt nur als Konglomerat vorgefertigter Eindrücke auffasst, gelingt es ihm selbst weder in der einen noch in der anderen Fuß zu fassen und eine bleibende Existenz zu begründen. Die Neue Welt verlässt er, als sie ihm nichts mehr zu bieten hat. Die Dritte Welt kann ihn auf Dauer nicht beherbergen. So kehrt er schließlich in die Alte Welt zurück, um nicht allein zu sterben. Walter Faber verkörpert, in den Worten Hannas, die „Weltlosigkeit des Technikers" (169).

Aus: M. Knapp/G. P. Knapp: Max Frisch, Homo faber. Grundlagen und Gedanken zum Verständnis erzählender Literatur. Frankfurt/M.:© Diesterweg 1993

Fotos: Orte, Landschaften und ihre Symbolik

Zusatzmaterial 7

Zusatzmaterial 7

Fantasiereise

Alternativ zu der Bildbetrachtung könnte zu einem Ort auch eine Fantasiereise gemacht werden. Hierfür eignen sich besonders die Orte „New York" oder „der Dschungel".

A Zur Anleitung einer Fantasiereise:

1. Sprechen Sie den Text langsam und deutlich. Die Punkte im Text (...) kennzeichnen Pausen.
2. Verwenden Sie während der Reise keine untermalende Musik.
3. Lassen Sie bei der Einstimmungsphase genügend Zeit.
4. Die Schüler sollten aufrecht sitzen, die Beine fest auf den Boden stellen und die Hände auf den Oberschenkeln ablegen.
5. Wenn in der Anfangsphase, beim Entspannen, Gelächter entsteht, sollte das einfach zugelassen werden. Danach kehrt in der Regel Stille und Entspannung ein.
6. Für die Reise und das Verschriftlichen sollte genügend Zeit eingeplant werden.

B Fantasiereise:

Ich lade Sie ein zu einer Fantasiereise zu einem Ort, der für Fabers Leben bedeutsam ist.
Setzen Sie sich aufrecht hin. Entspannen Sie Ihren Körper. Stellen Sie Ihre Füße nebeneinander auf den Boden. Legen Sie Ihre Hände auf Ihre Oberschenkel. Schließen Sie nun Ihre Augen...
Fühlen Sie Ihre Füße, Ihre Beine, den Atem im Bauch, Ihre Schultern, Arme und Hände...
Atmen Sie regelmäßig ein und aus...
Sie stehen jetzt in Ihrer Fantasie auf, gehen aus dem Raum und hinaus aus dem Gebäude. Sie finden einen Weg, den sie entlanggehen. Sie entdecken in der Ferne ein Tor. Sie gehen auf dieses Tor zu...
Während Sie dieses Tor betrachten, wissen Sie plötzlich, dass hinter diesem Tor die Welt eine andere ist, denn hinter dem Tor liegt New York (der Dschungel).
Öffnen Sie nun das Tor und besuchen Sie die fremde Welt New Yorks (des Dschungels).
Schauen Sie sich um... Was sehen Sie?...
Wie fühlt sich der Boden an, auf dem Sie stehen?...
Welche Geräusche hören Sie,...
welche Gerüche steigen Ihnen in die Nase?...
Können Sie Menschen oder Tiere entdecken?...
Denken Sie nun allmählich wieder ans Zurückkehren, aber lassen Sie sich Zeit...
Gehen Sie zum Tor zurück, schauen Sie sich noch einmal um.
Dann gehen Sie durch das Tor durch und schließen es fest zu.
Wenn die Welt angenehm war, die sie gesehen haben, können Sie jederzeit wieder zurück. Wenn Ihnen diese Welt unangenehm war, dann bleibt das Tor fest verschlossen...
Gehen Sie den Weg, den Sie gekommen sind, wieder in dieses Gebäude zurück, in diesen Raum zurück, und wenn Sie wieder hier sind, machen Sie die Augen auf und strecken sich.

C Auswertung der Fantasiereise:

Um die Fantasiereise auszuwerten, empfiehlt es sich, unmittelbar danach die Schüler und Schülerinnen aufschreiben zu lassen, was sie an dem Ort gesehen, gehört, gerochen haben und ob ihnen die Reise an den jeweiligen Ort angenehm oder unangenehm war.
Nach Auswertung der Notizen der Schüler und Schülerinnen sollte die Methode der Fantasiereise reflektiert werden.

❒ *War es Ihnen möglich, sich auf die Fantasiereise einzulassen? Wenn nein, was hat gestört?*
❒ *Wozu dient Ihrer Meinung nach eine Fantasiereise?*

Nach: Günther Gugel: Praxis politischer Bildungsarbeit. Methoden und Arbeitshilfen. Tübingen: 1993

Wahrnehmungsübung *(zu Baustein 4)*

Aus: BRU, Nr. 21. Thema: Wahrnehmen. Gesellschaft für Religionspädagogik e.V., Villigst

Natur und Technik – Entgegensetzung oder Durchdringung zweier Prinzipien?

Wenn Walter Faber sich in seiner gewohnten Welt bewegt, ist alles „wie üblich". Bereits der zweite Satz des Textes markiert eine wiederholte Erfahrung: Die Maschine, mit der der Berichtende von New York aus startete, ist eine Super Constellation, „wie üblich, auf dieser Strecke". Sein Flugnachbar, ein – wie sich zeigen wird – unheilvoller Führer ins Reich der Schatten, ist Deutscher und belästigt ihn, „wie üblich" nach dem Zweiten Weltkrieg, mit europäischer Brüderschaft. Start und Flug verlaufen in gewohnten Bahnen: Der Funkenregen stiebt „wie üblich", die blinkenden Propeller sieht man durch die „üblichen Scheiben". Bei der Zwischenlandung in Texas gibt es beim Zoll die „übliche Schererei", der „übliche Lautsprecher" verbreitet die stereotypen Ansagen, der Barmann wirft die „übliche Olive" in das kalte Glas, und die „übliche Geste" begleitet sein Geschäft des Getränkemixens. Beim nächsten Abflug ist abermals der „Start wie üblich", auch das Farbspiel über dem Golf von Mexiko ist „wie üblich", über dem Lande wehen Böen „wie üblich", und die Maschine steigt und sackt „wie üblich bei Böen", und als Lunch gibt es das „Übliche": Juice, ein schneeweißes Sandwich mit grünem Salat. Gleich dreimal auf einer Seite sind die Dinge, wie sie immer sind; alles Sehen wird zu einem Wiedersehen [...].

Das „Übliche" wird vom „Plötzlichen" unterbrochen und zerschlagen. Nach dem Ausfall des ersten Motors und trotz der Versicherung der Gefahrlosigkeit fliegt die Maschine „plötzlich landeinwärts", wenig später setzt „plötzlich" der zweite Motor aus, „plötzlich" ist das Fahrgestell ausgeschwenkt. Später erkundigt sich Faber bei Herbert, seinem Flugnachbarn, „plötzlich" nach seinem Freund Joachim und erfährt, dass dieser dessen Bruder ist. „Plötzlich" hört er das Motorengeräusch der Maschine, mit der er seine geplante Route hätte fortsetzen sollen. „Plötzlich" hat er die Idee, mit dem Schiff zu fahren, auf dem er seine Tochter treffen wird. Nicht nur das Wort „plötzlich" signalisiert den Einbruch des Unüblichen, auch der Satzbau verändert sich und bereitet durch seine gliedernde Struktur den unerwarteten Zusammenfall mehrerer Faktoren an einem Raum- und Zeitpunkt vor. Statt der additiven Reihung des Üblichen beobachten wir die hypotaktisch fügende Vorbereitung des Außerordentlichen. [...]

Bei vordergründiger Betrachtung stehen das Übliche und das Plötzliche, die Technik und der Zufall im Verhältnis sich ausschließender Gegensätze. Der Katalog der Oppositionen ließe sich fortsetzen, sodass sich jeweils zwei exakt geschiedene Bereiche gegenüberträten: Zivilisation (New York) und Natur (Mexiko), Wahrscheinlichkeit und Zufall, Naturbeherrschung und Schicksal, Mathematik und Mythos, Zukunft und Vergangenheit, Funktionsfähigkeit und Krankheit, Egozentrismus und Liebe, Amerika und Griechenland, Bericht und Roman usw. Doch wie in das Registrieren von Tatsachen, von Üblichem, das Erzählen einbricht [...] so sind auch die übrigen Oppositionen nur scheinbar scharf umrissen. In Wirklichkeit erweist sich jede Erscheinung in hohem Maße anfällig für den Einbruch ihres Gegenteils, sodass die für getrennt gehaltenen Begriffe und Bereiche sich in dialektischer Bewegung einander nähern und durchdringen.

Die Natur steht nicht in purem Gegensatz zur Zivilisation und bietet – allen kulturpessimistischen Spenglerismen zum Trotz – kein heilsames Refugium und keine Alternative zur zweifellos kritikbedürftigen Technik. Die Erfahrungen des Naturhaften, in Mexiko zum Beispiel, unterliegen ebenso dem Bann des „Wieder" und des „Üblich" wie die immer schon verarbeiteten Daten der Welt der Super Constellation. Der Erstarrung durch nur noch quantifizierende Technik entsprechen die Dumpfheit und Hässlichkeit einer Vegetation, die sich in „blühender Verwesung" [51,10] fortzeugt und weiterwuchert.[...] Zivilisation und Natur, New York und Mexiko, Zukunft und Vergangenheit, neue und alte Welt, Amerika und Griechenland stehen nicht mehr in Opposition zueinander, sondern überlagern und durchdringen sich, bieten keine gegenseitigen Alternativen und damit keine Auswege, weder durch Fortschritt, noch durch Regression in den Mythos; der Fortschritt selbst schlägt in Mythos um und decouvriert damit sein Versagen. [...]

[...] Was das Genus „Homo faber" erleidet, ist nicht die schmerzvolle Abtrennung vom Alten, auch nicht der insgeheim ersehnte Rückfall ins Atavistische, sondern die allmählich wachsende Einsicht, dass das Neue das Alte auf eine bedrückende Weise wiederholt und alle noch so berechtigte Fortentwicklung in Frage stellt. [...] Nicht die Antinomie, sondern das Oszillieren der Gegensätze macht zweifeln und verzweifeln.

Aus: Peter Pütz: Das Übliche und das Plötzliche. Über Technik und Zufall im „Homo faber". In: Gerhard P. Knapp (Hrsg.): Max Frisch. Aspekte des Prosawerks. Frankfurt/M. / Berlin / Bern / New York / Paris / Wien: Lang, 1978. S. 127-129

❏ Fassen Sie die Argumentation von Pütz zusammen und erläutern Sie sie anhand selbst gewählter Beispiele aus dem Roman.

Todesverdrängung Fabers

Simone de Beauvoir äußert sich zur Todesverdrängung in Amerika: „In Amerika spricht man nicht gern vom Tode. Nie sieht man auf der Straße ein Leichenbegängnis. Gewiss, häufig sah ich in den Avenuen, nachts heiter vom Neonlicht angestrahlt, die Worte *Funeral Home*. Der Name hat aber eher etwas Erfrischendes: Von draußen könnte man an eine Bar oder ein Kabarett denken. Ich las auf Anschlägen: ‚*Funeral Home*. Empfangszimmer, Kinderspielzimmer, Toilette, Garderobe, mäßige Preise.' Dort gibt der Tote, ehe man ihn beerdigt, seine letzte *party*: Sein Gesicht ist in schreienden Farben geschminkt, im Knopfloch trägt er eine Gardenie oder eine Orchidee und seine Freunde kommen ihn ein letztes Mal zu begrüßen."

Zur Reklame und zum „berufsmäßigen Optimismus" meint SIMONE DE BEAUVOIR:
„Die unaufhörlich wiederholten, gebieterischen Aufforderungen, ‚das Leben von der guten Seite zu nehmen', fallen mir auf die Nerven. Auf den Reklamen, ob sie nun Quaker-Oats, Coca-Cola oder Lucky Strike anpreisen – welch eine Überfülle von schneeweißen Zähnen: Das Lächeln scheint ein Starrkrampf zu sein. Das junge, verstopfte Mädchen schenkt ein verliebtes Lächeln dem Zitronensaft, der ihren Därmen Erleichterung verschafft. In der U-Bahn, auf der Straße, auf den Seiten der Magazine verfolgt mich dieses Lächeln wie eine Zwangsvorstellung. In einem *drug-store* las ich auf einem Aushängeschild: *Not to grin is a sin* – nicht lächeln ist eine Sünde."

Aus: S. de Beauvoir: Amerika. Tag und Nacht. Hamburg: Rowohlt 1950

Mit Bezug auf die Persönlichkeitsentwicklung Todkranker fragt Horst-Eberhard RICHTER:
„Aber war denn erst eine tödliche Krankheit nötig, um einen derartigen Effekt zustande zu bringen? Könnten wir nicht von vornherein versöhnlicher, maßvoller, liebevoller leben, wenn wir die übliche Todesverdrängung schon als Gesunde überwinden oder uns von Kindheit an gar nicht erst aneignen würden? Müssten wir nicht alle – und die Medizin erst recht – zu jeder Zeit Krankheit und Tod dem Leben zurechnen, statt sie als dessen absolute Feinde zu verdammen?"

RICHTER kommt zu dem Schluss:
„Wer das Leiden hasst, muss den Tod verteufeln. Die fatale einseitige Fixierung auf die Ideale von Macht und Größe reproduziert in der politischen Dimension ein ewiges expansionistisches Rivalisieren und die Niederhaltung der Schwachen und Armen, auf deren Kosten sich die jeweils Mächtigen in Richtung ihrer Ideale zu stabilisieren versuchen. Und Gleiches vollzieht der einzelne Mensch in seinem Innern, indem er sich seiner Selbstachtung dadurch vergewissern will, dass er die Seite seiner Zerbrechlichkeit und seiner Hinfälligkeit durch Verdrängung, Überkompensation oder Feindbild-Projektion zu tilgen versucht. Wir müssen also lernen unser Selbstbild auf ein neues Maß zu bringen und unsere Position gegenüber den Mitmenschen und der Natur mit derjenigen Bescheidenheit zu bestimmen, die uns erlaubt, auch unsere Zartheit, unsere Anfälligkeit und eben auch unsere Sterblichkeit zu akzeptieren."

Aus: Richter, H.-E.: Die Chance des Gewissens. Erinnerungen und Assoziationen. Hamburg: Hoffmann und Campe 1986, S. 234ff.

❐ Fassen Sie die Positionen von de Beauvoir und Richter zusammen und diskutieren Sie diese unter Bezugnahme auf den Roman.

Faber und Ivy *(zu Baustein 4)*

Im Folgenden sind zwei Positionen zur Figur der Ivy und ihrer Rolle für die Hauptfigur und den Roman aufgeführt:

Ivy wird als typisch „feminine" Frau gezeichnet, die an Walter, trotz seiner Lieblosigkeit, bedingungslos hängt. Sie ist ein Konglomerat aller Klischeevorstellungen über weibliches Verhalten aus dem Amerika der Fünfzigerjahre. [...] Ivy ist eine der bedauernswertesten Gestalten im Werk Frischs. Ihre einzige Funktion liegt darin, dass sie sich selbst – und damit indirekt auch ihre Artgenossinnen – als hirnlose Gliederpuppen und als Schmarotzer am Trog der Männerwelt desavouiert.

Aus: Mona Knapp: Moderner Ödipus oder blinder Anpasser? Anmerkungen zum „Homo faber" aus feministischer Sicht. In: W. Schmitz (Hg.): Frischs „Homo faber". Frankfurt a.M.: Suhrkamp 1983, S. 195.

Sigrid Mayer dagegen versucht auch hier Fabers Perspektivismus ernst zu nehmen und verweist auf die Widersprüchlichkeit seines Verhältnisses zu Ivy:

„Am deutlichsten hebt sich [...] aus diesem Verhältnis Fabers eigene Schwierigkeit ab, in der Liebe zu einer typischen Frau (und nicht etwa zu einer typischen Amerikanerin!) etwas Natürliches zu empfinden. [...]
Die umständliche und ausführliche Art, mit der Faber den letzten mit Ivy verbrachten Abend, die mit den ‚Freunden' verbrachte Nacht (um nicht mit Ivy allein sein zu müssen) und den mit Ivys tatkräftiger Hilfe schließlich zustande kommenden Aufbruch am anderen Morgen berichtet, deutet auf die Widersprüchlichkeit in seinem Verhältnis zu Ivy und ihrer Sphäre hin. Offensichtlich sucht er sein Verhältnis zu dieser Frau vor sich selbst zu rechtfertigen, ähnlich wie er sein früheres Verhalten Hanna gegenüber nachträglich immer wieder zu rechtfertigen sucht."

Sigrid Mayer: Zur Funktion der Amerikakomponente im Erzählwerk Max Frischs. In: Gertrud P. Knapp (Hrsg.): Max Frisch. Aspekte des Prosawerks. Bern/Frankfurt/M./Las Vegas: Lang 1978

☐ 1. Fassen Sie die Positionen zusammen.
☐ 2. Diskutieren Sie die Deutungen anhand der Ergebnisse aus dem Unterricht.

Faber und Sabeth

Gerd Müller verweist auf die dialektische Synthese der Figuren Hanna und Faber in der Person Sabeth:

„Zwischen beiden steht das gemeinsame Kind Sabeth. Es vereinigt in sich in idealer Weise die positiven Seiten der beiden Eltern: Das Mädchen ist wie selbstverständlich in beiden Welten zu Hause:
5 Als wir Sabeth zum ersten Mal begegnen, kommt sie von einem Studienaufenthalt aus der Neuen Welt und ist auf dem Wege zurück nach Athen. Sie nimmt Fabers schulmeisterliche Ingenieurs-Lehren ebenso unvoreingenommen auf, wie sie
10 die Unterrichtungen ihrer Mutter über die klassischen Altertümer Italiens und Griechenlands aufgenommen hat. Völlig unbefangen und unbeschwert vollzieht sie immer wieder den Übergang von der Neuen Welt in die Alte. Mit leichter
15 Selbstverständlichkeit bewegt sie sich in dem Spannungsfeld, das durch ihre beiden Eltern repräsentiert wird."

Aus: Gerd Müller: Europa und Amerika im Werk Max Frischs. Eine Interpretation des Berichts „Homo Faber". In: Moderna Språk 62 (1968) S. 398

Michael Butler macht geltend, dass die in Sabeth angelegte Synthese bloße Möglichkeit bleibt:

„Den Ansatz zu einem integrierenden Prinzip
20 stellt wohl Sabeth dar; in ihr hält die Intuition den Verstand im Gleichgewicht, während ihre Eltern sich zu entgegengesetzten Verhaltenspolen versteinert haben. Sabeth führt ihr relativ unbekümmertes Leben in der Spannung zwischen diesen Polen.
25 Wichtig ist es aber festzuhalten, dass diese Andeutung eines zentrischen Prinzips rein hypothetisch bleibt."

Michael Butler: Das Problem der Exzentrizität in den Romanen Frischs. In: Heinz Ludwig Arnold (Hrsg.): Max Frisch. München 1975. (Text + Kritik. 47/48.) S. 22

Rhonda L. Blair meint:

„Sabeth verkörpert nicht nur einen gefährdeten
30 Ausgleich zwischen Faber und Hanna, sondern auch Leben und Licht: Offenheit für die Zukunft, Spontaneität und Wärme und ein waches Bewusstsein für die Wunder ringsum. In ihrem Tod aber wird die Einmaligkeit des Lebens, des gelebten
35 Augenblicks, symbolisiert [...]."

Aus: Rhonda L. Blair: ‚Homo faber', ‚Homo ludens' und das Demeter-Kore-Motiv. In: Walter Schmitz (Hrsg.): Max Frischs Roman „Homo faber". Frankfurt/M.: Suhrkamp 1983

❏ *Diskutieren Sie die Deutungen der Figur Sabeths anhand zentraler Textstellen!*

Faber und Hanna

Der Mutterarchetyp ist die Grundlage des „Mutterkomplexes", der ebenfalls sowohl positive als auch negative Seiten hat. Eine Art des Mutterkomplexes bei der Frau ist ganz besonders wichtig für das Demeter-Kore-Motiv und für den Charakter Hannas: „Hypertrophie des mütterlichen Elements" oder die Übertreibung der weiblichen, mütterlichen Instinkte. Jung beschreibt dessen negative Seite, wie sie bei der Frau sich äußert, deren einziges Interesse der Geburt des Kindes gehört und für die der Mann (das Instrument für die Zeugung) und ihre eigene Persönlichkeit nebensächlich sind. Diese Art Frau, schreibt Jung, ähnele Demeter insofern, als „sie sich von den Göttern ein Besitzrecht auf die Tochter ab[trotzt]. Der Eros ist nur als mütterliche Beziehung entwickelt, als persönliche aber unbewusst. Ein *unbewusster Eros* äußert sich immer als *Macht*. Daher dieser Typus bei aller offenkundigen mütterlichen Selbstaufopferung doch gar kein wirkliches Opfer zu bringen imstande ist, sondern seinen Mutterinstinkt mit oft rücksichtslosem Machtwillen bis zur Vernichtung der Eigenpersönlichkeit und des Eigenlebens der Kinder durchdrückt.

[...]

Die Bedeutung des Demeter-Kore-Motivs besteht also darin, dass es vollständig Hannas Schuld und ihre „déformation professionelle" enthüllt. Denn jeden „Irrtum", den Hanna Faber zuspricht [...], beging sie auch selbst: Sie hat die Welt so arrangiert, dass sie zum Vergangenen passt, um sie nicht erleben zu müssen, wie sie wirklich ist; sie hat die Schöpfung als Partner nicht angenommen, weil die Schöpfung aus dem Männlichen und dem Weiblichen besteht und sie das Männliche ausschloss; auch sie hat die Welt als Widerstand ausgeschaltet, freilich durch Verlangsamung und Rückversetzung in die Vergangenheit, nicht durch Beschleunigung wie Faber; ihre eigene „Weltlosigkeit" wollte sie ausgleichen, indem sie Sabeth zu ihrer „Welt" machte; während Faber jede Beziehung zum Tod vermied, vermied Hanna jede zu ihrem eigenen, persönlichen Leben; sie hat Leben nicht als Form („Gestalt in der Zeit") behandelt, sondern als Bild und „Bildnis", wie die Bilder griechischer Kunst, mit denen sie arbeitet; und auch sie hat sich der Wiederholung schuldig gemacht, indem sie versuchte, ein archaisches, matriarchalisches Muster, das naturwidrig das Männliche ausschließt, nachzuahmen.

Rhonda L. Blair: ‚Homo faber', ‚Homo ludens' und das Demeter-Kore-Motiv. a.a.O.

Weil ihre Existenz am gleichen Defekt krankt, brauchen Faber und Hanna einander, und es bezeichnet die innere Verwandtschaft der beiden Antagonisten, dass sie sich ihre Rollen wechselseitig im Akt der „Taufe" zusprechen: die Kunstfee und der allegorische „homo faber". Ihr gemeinsames Kind, „Elisabeth", wird vom Vater „Sabeth" getauft, „Elsbeth" von der Mutter, und diese verstümmelten Namen veranschaulichen, wie jeder Opponent seinen begrenzten Anteil als das Ganze beansprucht, sodass für die wahre, synthetische Ganzheit kein Lebensraum bleibt [...].
Weil Hanna wie Faber jeweils einen egoistischen Lebensplan ausführen, werden sie sich unversehens, jenseits der gewollten Antithesen, ähnlich, verwenden sie gleiche Argumente. [...]. Frisch stellt Figuren mit eindeutigen Weltbildern in eine vieldeutige Geschichte.

Walter Schmitz: Max Frischs Roman „Homo faber". a.a.O.

Hanna erkennt zwar scharfsinnig in Faber das Urbild des technischen, naturentfremdeten Menschen; ihre eigene Lebenshaltung jedoch ist nicht weniger problematisch. Wie Faber das männliche Lebensprinzip denaturiert, indem er es zur Ideologie des Ingenieurs verengt, denaturiert Hanna das weibliche Prinzip, indem sie es zur bloßen Gegenideologie, zum Irrationalismus, macht. [...] In der Erlebnisschicht bezeugt sich ihr Versagen ebenso wie bei Faber im Verhältnis zu ihrem Kind. Faber sucht – wenn auch unbewusst – die Begegnung mit der Frau als Episode; er will nicht Vater werden. Hannas Verhalten ist genau entgegengesetzt: Sie will Mutter werden, aber sie möchte mit dem Kind für sich bleiben. So wenig wie Faber ist sie fähig zur Hingabe und zum Wagnis einer Gemeinschaft, die jeden der Partner tief verändern muss. [...] Da sie den Mann ablehnt und aus den Tiefenschichten ihres Daseins ausschließen will, kann sie auch nicht wirklich Frau, sondern nur ressentimentgeladener Anti-Mann sein.

Gerhard Kaiser: Max Frischs „Homo faber". In: Schweizer Monatshefte 38 (1958/59), S. 849f.

❏ *Geben Sie die Deutungen der Figur Hannas wieder und diskutieren Sie diese anhand der Ergebnisse aus dem Unterricht.*

„Homo faber"

Simone de Beauvoir:

Der *homo faber* ist seit Anbeginn der Zeiten ein Erfinder gewesen: Schon Stock und Keule, mit denen er seinen Arm bewehrt um Früchte abzuschlagen oder Tiere zu töten, sind Werkzeuge, durch die er seine Macht über die Welt ausdehnt; er begnügt sich nicht damit, Fische ins Haus zu bringen, die er aus dem Meere holt; er muss zuvor den Bereich der Gewässer erobern, indem er Einbäume aushöhlt; um sich der Schätze der Welt zu bemächtigen, unterwirft er zuvor die Welt. Bei diesem Vorgehen wird er sich seiner Macht bewusst, er setzt Zwecke, plant Wege, die zu ihnen führen: Er verwirklicht sich in der Existenz. Um zu erhalten schafft er; er überschreitet die Gegenwart und eröffnet die Zukunft. Deshalb haben Fischzüge und Jagdunternehmungen einen Charakter der Weihe. Ihr erfolgreicher Ausgang wird mit Festen und Triumph begangen; der Mann erkennt darin sein Menschsein. Diesen Stolz bekundet er heute noch, wenn er ein Stauwehr, einen Wolkenkratzer, eine Atombombe schafft. Er hat nicht nur gearbeitet um die vorgefundene Welt zu erhalten: Er hat ihre Grenzen gewaltsam ausgeweitet und das Fundament für eine neue Zukunft gelegt. [...]

Der Geist hat über das Leben gesiegt, Transzendenz über Immanenz, Technik über Magie, Vernunft über Aberglauben. Die Wertminderung der Frau stellt eine notwendig Etappe in der Geschichte der Menschheit dar, denn nicht aus ihrem positiven Wert, sondern aus der Schwäche des Mannes bezog sie so lange ihr Prestige; in ihr verkörperten sich die beunruhigenden Geheimnisse der Natur: Der Mann entzieht sich ihrer Bevormundung, indem er sich von der Natur befreit. [...] In der Beziehung zwischen seinem schaffenden Arm und dem hergestellten Objekt erlebt er das Prinzip der Kausalität: Das gesäte Korn keimt oder keimt auch nicht, während das Metall immer in gleicher Weise auf das Feuer, das Härten, die mechanische Einwirkung reagiert; diese Welt der Gebrauchswerkzeuge lässt sich in klare Begriffe einschließen: Rationales Denken, Logik, Mathematik können nunmehr entstehen. Das Antlitz des Universums ist vollkommen verwandelt. Die Religion der Frau war an die Herrschaft der Landwirtschaft, des langsamen Reifens, des Zufalls, der Erwartung, des Mysteriums gebunden: Die des *homo faber* bedeutet den Beginn einer Zeit, die man wie den Raum überwinden kann, die Notwendigkeit des Entwurfes, der Tätigkeit, der Vernunft.

Aus: Simone de Beauvoir: Das andere Geschlecht.
© Hamburg: Rowohlt Verlag 1951

Vom Ingenieur („vielleicht das Symbol dieses Zeitalters") sagt Horkheimer:

„Der Ingenieur ist nicht daran interessiert, die Dinge um ihrer selbst willen oder um der Einsicht willen zu verstehen, sondern im Hinblick darauf, dass sie geeignet sind in ein Schema zu passen [...]. Das Bewusstsein des Ingenieurs ist das des Industrialismus in seiner hochmodernen Form. Seine planmäßige Herrschaft würde die Menschen zu einer Ansammlung von Instrumenten ohne eigenen Zweck machen."

Aus: Max Horkheimer: Gesammelte Schriften. Bd. 6: Zur Kritik der Instrumentellen Vernunft und Notizen. 1949 bis 1965, hrsg. von Alfred Schmidt, Frankfurt: S. Fischer Verlag 1991

1. Beschreiben Sie die Argumentation Simone de Beauvoirs und Horkheimers.
2. Welches Rollenverständnis zeigen der homo faber und der Ingenieur?
3. Erörtern Sie die Thesen der Verfasser und belegen Sie Ihre Argumente mithilfe der Lektüre (S. 7-36).

Zum Frauenbild des Romans

Walter Faber verlässt Hanna schon 1936, ein Jahr früher, als Käte verlassen wird [...]; beide Paare, sowohl Walter und Hanna als auch unser Autor und Käte beschließen, das Kind nicht zur Welt kommen zu lassen. Es ist die gleiche Resignation vor der historischen Situation. Gemeinsam für beide männlichen Partner ist auch die Reaktion des jungen Mannes, „der später über sein Verhalten nicht ins Klare kommt". [...] Aber so wie Käte sind damals viele jüdische Bräute und Frauen weggereist, auch die Arztfrau in jener Szene von Brechts „Furcht und Elend des Dritten Reiches". Sie sind zum Typ der jüdischen Frau des arischen Mannes geworden, dessen Beteuerungen unecht klangen, im besten Fall halbecht gequält. Es war nicht zu verheimlichen, dass die Belastung durch ein weiteres Verbleiben der Frau zu groß gewesen wäre [...]

Aus: Zoran Konstantinovic: Die Schuld an der Frau. Ein Beitrag zur Thematologie der Werke von Max Frisch [1977]. In: Frisch. Kritik, Thesen, Analysen. Hrsg. von Manfred Jurgensen. Bern/München: Francke 1977, S. 149

Drei Frauen spielen im Leben Walter Fabers eine Rolle: Ivy, Sabeth und Hanna. Allgemein lässt sich beobachten, dass er in der direkten Gegenüberstellung mit einer bestimmten Frau – durch sein Verhalten oder zumindest in Gedanken – fast zwanghaft von ihrer individuellen Persönlichkeit ab- und auf den hypothetischen Gruppencharakter „alle Frauen" bzw. „jede Frau" hinschwenkt. Indem er die einzelne Frau so ihrer Individualität beraubt, entschärft er ihre Argumentation automatisch: Ein von Beauvoir beschriebener Verhaltensmodus ermöglicht ihm dann die Annahme, dass Frauen so und nicht anders denken, eben weil sie Frauen sind. Ihre Zugehörigkeit zu einer programmierbaren Minorität gewährleistet ein ganz bestimmtes Verhalten; Faber dagegen ist sich seines Status als „Subjekt" bewusst, der die Authentizität seiner Aussage garantiert. Der gleiche Verhaltensmodus bestimmt ihn dazu, im Kontakt mit Frauen beständig über deren Erscheinung zu reflektieren und sie zu kommentieren.
[...]
Aus alledem folgt, dass für Walter Faber, einen Durchschnittsvertreter der männlichen Technokratie der Fünfzigerjahre, wenig Unterschied besteht zwischen Frauen, Indios, Kubanern, Schwarzen, jungen und alten Leuten: Sie alle gehören der großen Minorität an, der es beschieden ist, die Überlegenheit des Technikers ebenso stillschweigend anzuerkennen wie ihr eigenes Unterlegensein. Ihre Aufgabe ist es, sich im Namen des Fortschritts, letzten Endes aber im Interesse der Zementierung bestehender Machtverhältnisse, der „Nutzbarmachung" durch überlegene Intelligenz zu fügen: Das heißt nichts anderes als dem Zuwachs an Kapital und Macht für die herrschenden Klassen der hochentwickelten westlichen Länder dienstbar zu sein. Faber ist, wie dies in der Forschung vielfach betont wurde, in der Tat blind. Blind gegenüber den Rollenzwängen, denen er selbst unterliegt, und blind für die Bedürfnisse und das Leiden derer, die nicht mitspielen wollen oder können.

Mona Knapp: Moderner Ödipus oder blinder Anpasser? Anmerkungen zum ‚Homo faber' aus feministischer Sicht [1983]. In: Walter Schmitz (Hrsg.): Frischs „Homo faber". Materialien. © Suhrkamp Verlag, Frankfurt/M. 1995

❏ *Geben Sie die Positionen von Knapp und Konstantinovic wieder und diskutieren Sie sie.*

Max Frisch: Mein Name sei Gantenbein (Auszug)

Über Frauen und Männer

Gespräch mit Burri nach einem Schach, das ich verloren habe, über Frauen, scheinbar über Frauen, eigentlich aber über Männer, die Unheil anrichten, indem sie die Frau zu wichtig nehmen –
Burri (soweit ich ihn begriffen habe):
Ein Mann, der an seiner Frau leidet, ist selber schuld... Was Männer hörig macht: ihre Verachtung der Frau, die sie sich selbst nicht eingestehen; daher müssen sie verherrlichen und stellen sich blind; wenn die Wirklichkeit sie unterrichtet, laufen sie zur nächsten, als wäre die nächste nicht wieder eine Frau, und können von ihrem Traum nicht lassen... Was man verachtet: ihre Passivität, ihre Koketterie noch da, wo es um ganz andere Dinge geht, die Permanenz ihrer Frau-Mann-Position, alle anderen Interessen entlarven sich als Vorwand oder Tarnung oder Zwischenspiel, ihr unstillbares Liebesbedürfnis, ihre Gewöhnung daran, daß sie bedient werden (Streichhölzer) und immer das Vorrecht haben, enttäuscht zu sein, überhaupt ihr Hang zum Vorwurf, wobei der Vorwurf erraten werden muß, ihr Schweigen-Können, sie wollen und können sich selbst undurchsichtig bleiben, ihr Dulden-Können, ihr Kniff, das Opfer zu sein, dazu ihre entsetzliche Tröstbarkeit in jedem Augenblick, ihre Flirt-Anfälligkeit noch im Glück, ihre Bereitschaft und List dabei, daß sie es dem Mann überlassen, was geschieht, und wenn der Mann, um handeln zu können, wissen möchte, woran er ist, ihre Kunst des Offen-Lassens, sie überlassen ihm die Entscheidung und damit die Schuld von vornherein, ihre Kränkbarkeit überhaupt, ihr Bedürfnis nach Schutz und Sicherheit und dazu der geisterhafte Wankelmut ihrerseits, kurzum: ihr Zauber... der Mann gibt sich um so ritterlicher, je mehr Verachtung er zu verheimlichen hat... Der biologische Unterschied: die Frau kann in einer Nacht mit zehn Männern zusammensein, der Mann nicht mit zehn Frauen; er muß Begierde haben, sie kann es geschehen lassen auch ohne Begierde; deswegen ist die Hure möglich, aber nicht das männliche Gegenstück. Die Frau, zur Schauspielerei genötigt durch die Eitelkeit des Mannes, spielt ihre Auflösung im Genuß, auch wenn er ausbleibt; der Mann weiß nie ganz sicher, was für die Frau wirklich geschehen ist; es ist der Mann, der sich preisgibt, nicht die Frau; das macht ihn mißtrauisch... Die Frau ist ein Mensch, bevor man sie liebt, manchmal auch nachher; sobald man sie liebt, ist sie ein Wunder, also unhaltbar –

Aus: Max Frisch: Mein Name sei Gantenbein. © Suhrkamp, Frankfurt/M., 1975 S. 188f. Aus lizenrechtlichen Gründen wurde dieser Text nicht in reformierter Schreibung wiedergegeben.

❏ *Fassen Sie die Aussagen zusammen und diskutieren Sie sie.*

Max Frisch: Du sollst dir kein Bildnis machen

Die Bildnisproblematik im Roman

[...] Du sollst dir kein Bildnis machen, heißt es, von Gott. Es dürfte auch in diesem Sinne gelten: Gott als das Lebendige in jedem Menschen, das, was nicht erfaßbar ist. Es ist eine Versündigung, die wir, so wie sie an uns begangen wird, fast ohne Unterlaß wieder begehen. – Ausgenommen wenn wir lieben. [...] (S. 32)

Es ist bemerkenswert, daß wir gerade von dem Menschen, den wir lieben, am mindesten aussagen können, wie er sei. Wir lieben ihn einfach. Eben darin besteht ja die Liebe, das Wunderbare an der Liebe, daß sie uns in der Schwebe des Lebendigen hält, in der Bereitschaft, einem Menschen zu folgen in allen seinen möglichen Entfaltungen. Wir wissen, daß jeder Mensch, wenn man ihn liebt, sich wie verwandelt fühlt, wie entfaltet, und daß auch dem Liebenden sich alles entfaltet, das Nächste, das lange Bekannte. Vieles sieht er wie zum ersten Male. Die Liebe befreit es aus jeglichem Bildnis. Das ist das Erregende, das Abenteuerliche, das eigentlich Spannende, daß wir mit den Menschen, die wir lieben, nicht fertigwerden: weil wir sie lieben. Man höre bloß die Dichter, wenn sie lieben; sie tappen nach Vergleichen, als wären sie betrunken, sie greifen nach allen Dingen im All, nach Blumen und Tieren, nach Wolken, nach Sternen und Meeren. Warum? So wie das All, wie Gottes unerschöpfliche Geräumigkeit, schrankenlos, alles Möglichen voll, aller Geheimnisse voll, unfaßbar ist der Mensch, den man liebt – nur die Liebe erträgt ihn so.
[...]
Unsere Meinung, daß wir das andere kennen, ist das Ende der Liebe, jedesmal, aber Ursache und Wirkung liegen vielleicht anders, als wir anzunehmen versucht sind – nicht weil wir das andere kennen, geht unsere Liebe zu Ende, sondern umgekehrt: weil unsere Liebe zu Ende geht, weil ihre Kraft sich erschöpft hat, darum ist der Mensch fertig für uns. Er muß es sein. Wir können nicht mehr! Wir künden ihm die Bereitschaft, auf weitere Verwandlungen einzugehen. Wir verweigern ihm den Anspruch alles Lebendigen, das unfaßbar bleibt, und zugleich sind wir verwundert und enttäuscht, daß unser Verhältnis nicht mehr lebendig sei.

„Du bist nicht", sagt der Enttäuschte oder die Enttäuschte: „wofür ich dich gehalten habe."
Und wofür hat man sich denn gehalten?
Für ein Geheimnis, das der Mensch ja immerhin ist, ein erregendes Rätsel, das auszuhalten wir müde geworden sind. Man macht sich ein Bildnis. Das ist das Lieblose, der Verrat.
[...]
In gewissem Grad sind wir wirklich das Wesen, das die anderen in uns hineinsehen, Freunde wie Feinde. Und umgekehrt! Auch wir sind die Verfasser der andern; wir sind auf eine heimliche und unentrinnbare Weise verantwortlich für das Gesicht, das sie uns zeigen, verantwortlich nicht für ihre Anlage, aber für die Ausschöpfung dieser Anlage. Wir sind es, die dem Freunde, dessen Erstarrtsein uns bemüht, im Wege stehen, und zwar dadurch, daß unsere Meinung, er sei erstarrt, ein weiteres Glied in jener Kette ist, die ihn fesselt und langsam erwürgt. [...] Wir halten uns für den Spiegel und ahnen nur selten, wie sehr der andere seinerseits eben der Spiegel unsres erstarrten Menschenbildes ist, unser Erzeugnis, unser Opfer –. (S. 27ff.)

Aus: Max Frisch: Tagebuch 1946-1949. © Suhrkamp, Frankfurt/M. Aus lizenzrechtlichen Gründen wird dieser Text nicht in reformierter Schreibung wiedergegeben.

❏ 1. Was ist eine <u>liebende Haltung,</u> was eine <u>lieblose Haltung</u> einem anderen Menschen gegenüber?
2. Unterstreichen Sie die Kernaussagen, notieren Sie diese zusammenfassend.

Bertolt Brecht: Was tun Sie, wenn Sie einen Menschen lieben?

„Was tun Sie", wurde Herr K. gefragt, „wenn Sie einen Menschen lieben?"
„Ich mache mir einen Entwurf von ihm", sagte Herr K., „daß er ihm ähnlich wird."
„Wer, der Entwurf?"
„Nein", sagte Herr K., „der Mensch."

(Aus: Bertolt Brecht: Gesammelte Werke, Geschichten von Herrn K. Frankfurt a. Main 1967)

❏ *Vergleichen Sie die Aussage des Herrn K. mit Frischs Text.*

❏ *Diskutieren Sie die beiden Positionen.*

Filmkritik *(zu Baustein 6)*

Homo faber – Lernziel nicht erreicht

Gewinnträchtige deutsche Filme sind gewöhnlich solche, die eine Oberstufenlektüre bebildern. Wir erinnern uns nur allzu gerne an etwas, das Bedeutung hatte. Mit dieser Spekulation auf die Bildung ist Volker Schlöndorff bisher ganz gut gefahren. Für seine „Blechtrommel"-Variation hat er gar den ersten deutschen „Oscar" nach 1927 erhalten. Auch Max Frischs Roman „Homo faber" aus dem Jahre 1957 behauptet sich so hartnäckig als Oberstufen-Klassiker, dass eine Verfilmung den pädagogischen Massenbesuch im Kinosaal garantieren muss. Der Roman ist ein perfekter Tafelanschrieb: Alles geht auf. Man kann die einzelnen Handlungsstränge richtig schön freilegen, zu Lernzielen aufpolieren und am Ende das Gefühl haben, doch ziemlich weit vorangekommen zu sein.

Frischs Roman operiert mathematisch exakt mit Gegensatzpaaren: Jung und Alt, Vernunft und Gefühl, Wildnis und Zivilisation, Determination und Zufall. Das alles ist so geschickt ineinander verwoben, dass man es nicht sofort bemerkt; das Leben selbst scheint durch die Zeilen. Der äußere Plot: Der Technikfetischist Walter Faber verliebt sich in das junge Mädchen Sabeth, kriegt langsam mit, dass er mit seiner eigenen Tochter geschlafen hat, und sie stirbt an den Folgen eines Schlangenbisses (Sünde!). Eine Kette von ungeheuerlichen Zufällen wird zum Schicksalsweg des Pragmatikers Faber, und die Reise zurück in den Mythos (Sabeth stirbt in Griechenland) führt ins Zentrum der Literatur.

Aus diesem durchaus verzwickten Gebilde, in dem sich die Dualismen verknäueln, hat Volker Schlöndorff in bewährter Weise das Verfilmbare herausgeholt. Die Höhen und Tiefen der Literatur, die Unebenheiten und Bruchstellen fügen sich bei ihm zu einer glatten Oberfläche. Übrig bleibt die Liebesgeschichte zwischen Faber und Sabeth, stimmungsvoll eingehüllt in Fünfzigerjahre-Atmosphäre, garniert mit Original-Requisiten wie einem Jumbo-Propellerflugzeug, einer „Super-Constellation" aus den Fünfzigerjahren etwa, oder liebevoll beleuchteten Studebakers, baumbestandenen Alleen oder kuscheligen Hotels in Avignon. Durchbrochen von existenzialistischem Schwarz-Weiß, wenn's zur Sache geht, wenn Sam Shepard als Homo faber die Ausweglosigkeit erkennt und im Flughafengebäude von Athen finster durch seine Sonnenbrille stiert.

Das stimmungsvolle Schweigen in Überseedampfern und Bürgerkulissen löst die kühle Berechnung des Romans auf. Aus der schwarzen Jeans, auf die Faber bei der ersten Begegnung mit Sabeth starrt, wird deshalb im Film ein Kleidchen, und Julie Delpy spielt denn auch so etwas wie den weißen Unschuldstraum eines gebeutelten Hirnmenschen in der Midlife-Crisis. Barbara Sukowa als Sabeths Mutter Hanna, Fabers frühere Geliebte, ist so, wie wir sie kennen: in Pathos erstarrt. Daran ändert auch ihre mediterrane Kücheneinrichtung nichts.

Das unheimlich Wuchernde und Schlingende der Sexualität bei Frisch, die langen Episoden im Dschungel, die Fabers Technikgläubigkeit aushebeln, das Unbewusste bebildern – das alles kommt im Film nicht vor. Der Zusammenprall von Berechnung und Zufall, die Existenzform des Typus Faber ist eher diffus als differenziert dargestellt. Wer den Roman nicht kennt, ist womöglich bereit, sich einer tragischen Liebesgeschichte hinzugeben. Wer sich nicht mehr an ihn erinnert, wird verblüfft sein, wie hollywoodartig dieser vermeintliche Schrecken der Klassenzimmer plötzlich daherkommt. Wer allerdings einen „Homo faber" erwartet, der mit filmischen Mitteln umgesetzt wäre, ist bei diesem Schlöndorff-Stück geneigt, die einzige Kunstform, die das zwanzigste Jahrhundert beigesteuert hat, nicht mehr für sonderlich wichtig zu halten. *Helmut Böttiger*

In: Stuttgarter Zeitung, 21.3.91

❏ *Fassen Sie die Filmkritik Böttigers zusammen und nehmen Sie begründet Stellung.*

Kommentierter Sequenzplan

Gudrun Marci-Boehncke

Max Frisch/Volker Schlöndorff

Homo faber

1988 wurden die Filmrechte an „Homo faber" wieder frei, bisherige Pläne zur filmischen Adaption des Stoffes nach der Romanvorlage des Schweizers Max Frisch von 1957 waren nie realisiert worden. Volker Schlöndorff, für Literaturverfilmungen international bekannt, entschloss sich, jetzt den Plan in die Tat umzusetzen. Als deutsch-französische Koproduktion unter Beteiligung einer griechischen Firma wurden die Dreharbeiten im Juni 1990 beendet. Premiere hatte der fertige Film im Januar 1991, im März 1991 lief er in bundesdeutschen Kinos an. Ein Film nach der Vorlage eines Schweizers, verfilmt von einem Deutschen, dessen Lebensmittelpunkt der letzten Jahre in den USA lag, ein bekannter Amerikaner in der Titelrolle (Sam Shepard), eine Französin (July Delpy) als dessen Tochter-Geliebte Sabeth. Barbara Sukowa als ihre Mutter Hanna. Sprache im Original: amerikanisches Englisch. Trotz dieser Internationalität in seiner Produktion war der Film in erster Linie für den deutschsprachigen Markt bestimmt. In Amerika lief er unter dem Titel „Voyager"[1] nur kurze Zeit, wohingegen er in Deutschland – vermutlich wesentlich auch aufgrund der Popularität der Literaturvorlage – 19 Wochen ganz oben auf der Hitliste der besucherstärksten Filme rangierte und trotz Videovertriebs seit 1992 noch lange in Programmkinos gezeigt wurde. Die Kritiken zum Film verraten fast durchweg Enttäuschung darüber, dass die Romanvorlage so massiv auf eine Liebesgeschichte reduziert worden sei und die „eigentlichen", die zeitkritischen mythologischen und philosophischen Dimensionen der Vorlage ausgeklammert blieben. Sie kritisieren auch Schlöndorffs inhaltlichen Erzählstil, setzen sich jedoch wenig konkret mit der filmischen Machart auseinander.

---

[1] In Amerika sollte der Film zunächst unter dem Titel „Last Call for Passenger Faber" laufen. Nach dem Preview 1991 wurde dies aber ebenso verworfen wie die Übernahme des Titels „Homo Faber". Vgl. *P. Werres:* ‚Man the Maker'. Novel by Frisch. Film by Schlöndorff. In: Philological Papers 41, 1995

Kommentierter Sequenzplan

Nr.	Sequenzinhalt	Kommentar
1	Vorspann: Besetzung etc. Text auf schwarzem Grund. Ton: Geräusch von startendem Motor.	Der Film beginnt auf der Tonspur mit der Rekonstruktion der Erinnerung. Die Bildspur als Beginn der bildlichen Erinnerung Fabers setzt verzögert ein.
2	Abschied Hanna – Faber vor dem Flughafen. Faber wartet allein in der Abfertigungshalle. Schriftgenerator: Athen, Juni 1957.	Über die schwarzweiße Bildqualität dieser Sequenz wird die Handlung zunächst historisiert. Der Erzähler der Handlung, Faber, und damit eine subjektive Erzählperspektive werden eingeführt.
3	Schriftgenerator: Caracas, April 1957. Faber sitzt im Flughafen und versucht dem Kontakt mit einem „sehr deutschen Gesicht", das ihn an jemand erinnert, auszuweichen. Der Mann heißt Herbert Hencke.	Die normal farbige Bildqualität kennzeichnet die Haupthandlungsebene, die die „Historizität" des Geschehens vergessen lässt, obwohl gerade über das Insert deren Qualität als Rückblende deutlich gemacht ist. Sie wirkt symbolisch „glücklicher". Das erste wichtige Glied innerhalb der „Kette von Zufällen" wird als Detail ins Bild gesetzt: Henckes Visitenkarte.
4	Faber geht ins Bad, erinnert sich. Der Mann besitzt Ähnlichkeit mit Joachim Hencke. Faber bricht im Bad zusammen, eine Stewardess bringt ihn in letzter Minute an Bord.	In einer Parallelmontage wird die subjektive Erinnerung Fabers durchbrochen: Er kann nicht zugleich sich im Bad und die Suche der Stewardess nach ihm wahrgenommen haben.
5	Im Flugzeug sitzt Faber neben Hencke und weicht dem Gespräch mit ihm aus. Mit der Stewardess flirtet Faber im Bad des Flugzeugs.	Überblende. Fabers Anziehungskraft für Frauen wird inszeniert.

Zusatzmaterial 20

6	Gespräch Faber – Hencke über Beruf und Reiseziel. Faber erklärt, er lese weder Romane, noch träume er.	Der Dialog ist konventionell im Schuss-Gegenschuss-Verfahren montiert, die Gesprächspartner in Nahsicht aufgenommen.
7	Zwei Propeller fallen aus, Faber berechnet den Notlandeplatz des Flugzeugs in der Wüste und weigert sich die Schwimmweste anzulegen.	In Parallelmontage wird zwischen der Innensicht des Flugzeugs und Außenaufnahmen der Super-Constellation gewechselt. Mit zunehmender inhaltlicher Dramatik wird das Bild dunkler und low-key ausgeleuchtet. Der Absturz ist in Zeitlupe gefilmt, was die traumatische Qualität dieses Ereignisses filmsprachlich deutlich machen soll. Durch den Erzählerkommentar und die nachfolgende Ausblende ist ein deutlicher erzählerischer Einschnitt markiert: „Die Notlandung war nichts als ein blinder Schlag, ein Sturz vornüber in die Bewusstlosigkeit."
8	Frühstück der Passagiere am Morgen nach der Notlandung in der Wüste. Faber grüßt Hencke.	Der Morgen ist high-key ausgeleuchtet und wird als inhaltlicher Neubeginn eines Handlungsabschnittes langsam eingeblendet. Sowohl den Handlungsträgern als auch den Zuschauern dient diese Sequenz der Neuorientierung, die über die Totale der letzten Einstellung filmsprachlich abgeschlossen wird.
9	Faber filmt. Herbert Hencke ist der Bruder seines Jugendfreundes Joachim, der mit einer Bekannten Fabers, der Jüdin Hanna Landsberg, kurz verheiratet war. Faber glaubt nicht an Wunder, ist aber verwirrt durch eine Kette von Zufällen.	Als dritte Bildqualität wird der Schmalfilm als Film im Film eingeführt. Die Mise en Scène der letzten Einstellung – Faber in der HT mit dem Rücken zur Kamera in die endlose Wüstenlandschaft blickend – ist bedeutungskonstituierend: Angesichts der „Natur" (= Kette von Zufällen) ist der Technokrat Faber machtlos.
10	Faber verfasst auf einer mechanischen Reiseschreibmaschine einen Brief an eine Bekannte, Ivy.	Faber schreibt Belanglosigkeiten an Ivy, wissend, dass „Ivy – wie jede Frau – nur an seinen Gefühlen interessiert war, Gefühle, die er für sie nicht mehr empfand".
11	Faber und Hencke unterhalten sich beim Schachspiel über Hanna, die kurz nach der Geburt eines Kindes wieder von Joachim geschieden wurde. Rückblende: a) Hanna tanzt mit Joachim, Faber spielt am Klavier. b) Faber will mit Hanna schlafen, sie erklärt, dass die Gefahr einer Schwangerschaft besteht. c) Gespräch Fabers mit Hanna.	Das Schachspiel – im Schuss-Gegenschuss-Verfahren montiert – symbolisiert die zugweise Rekonstruktion der Vergangenheit durch die Gesprächspartner Hencke und Faber. Faber ist am Zug. Statt zu spielen erinnert er sich. Auf der Tonspur wird diese Erinnerung mit dem Klaviermotiv als kommentierender Ton eingemischt, der mit den Bildern der Rückblende zum aktuellen Ton wird. Die Rückblende ist in Pastelltönen als vierte Bildqualität des Gesamtfilms festgehalten. Die Erinnerungen sind bruchstückhaft. Die Bedeutung des Gesprächsinhalts zwischen Faber und Hanna am See wird über die Einstellungsgrößen (HT-A-N-G) bis hin zur Großaufnahme filmsprachlich unterstrichen.
12	Abend. Faber und Hencke sitzen am Feuer. Faber wirft ein brennendes Holz nach Kojo-	Diese Szene ist low-key ausgeleuchtet. Das nahende Gewitter und das Heulen des Koyoten im Dun-

	ten. Ein Gewitter zieht auf. Faber wünscht, die Stewardess hätte ihn nicht gefunden und mit ins Flugzeug genommen.	keln kündigen diffuse Gefahr an, der sich auch Faber nicht ganz entziehen kann. Der Dialog mit der Stewardess zeigt unterschiedliche Bedeutungsebenen. Die Frau – nicht Faber – bringt eine erotische Konnotation in den Dialog. Die Sequenz endet mit einer Totalen, die lange ausgeblendet wird. Ihr ist Musik und der Kommentar des Erzähler-Faber unterlegt. Die Sequenzen 8-12 umfassen einen Tag, der auch filmsprachlich als Block durch Bild- und Tonebene gekennzeichnet ist.
13	Nach der Ankunft in Tampico entscheidet sich Faber spontan, Herbert Hencke bei der Suche nach Joachim zu begleiten. Der Stewardess gibt er sein Gepäck und den Brief an Ivy mit nach New York.	Die Sequenz ist mit hartem Schnitt gegen die letzte Ausblende montiert. Handlung, nicht Reflexion wird gestaltet, entsprechend unpoetisch wird inszeniert. Fabers spontaner Entschluss zum Verlassen der ursprünglichen Reiseroute zeigt bereits eine Veränderung. Die Rekonstruktion der Vergangenheit ist ihm auch wichtiger als ein flüchtiges erotisches Abenteuer.
14	Mehrere Tage suchen Hencke und Faber nach Joachim, dabei gilt Fabers Interesse mehr Hanna als dem Jugendfreund.	Faber ist inzwischen die treibende Kraft der Suche geworden, was auch bildlich klar wird: Er steht auf dem Balkon des Hotels vor beleuchtetem Hintergrund. Hencke dagegen in der dunklen Tür. Faber gelingt es, die entscheidende Information zu Joachims Wohnort zu bekommen. Die fröhliche Geigenmusik zum Sequenzwechsel scheint seinen Optimismus zu kommentieren.
15	Hencke und Faber erreichen Joachims Hütte, die von Polizei bewacht ist. Joachim hat sich in der Hütte erhängt. Faber erinnert sich bei einem Blick auf ein Foto von Hanna und Joachim. Rückblende: Hanna lässt Faber am See stehen, auf dem Rückweg begegnet sie Joachim, sie sehen sich schweigend an. Joachim geht zu Faber, der ihn um Hilfe bittet. Joachim erklärt, dazu habe er nicht Medizin studiert. Haupthandlungsebene: Faber steht in der Hütte, erinnernd. Rückblende: Hanna tanzt zu Klaviermusik mit Joachim, ihr Blick geht in die Kamera, sie betrachtet einen anderen.	Vgl. Detailanalyse.
16	Trauerfeier für Joachim.	Die Musik zu dieser Sequenz wurde bereits der Rückblende als stehender Ton beigemischt. Kommentierender Ton wird erneut zu aktuellem Ton.
17	Faber ist zurück in New York, wo ihn Ivy erwartet, um die Beziehung wiederherzustellen. Beide duschen und verhängen sich mit Ivys Kleid die Köpfe. Statt Ivy mit nach Paris zu nehmen, flieht Faber vorm Versöhnungsdinner	New Yorker Hochhäuser sind aus der Froschperspektive aufgenommen. Faber beim Aufgang zu seinem Appartement aus der Vogelperspektive. So wirkt er „klein" und „unbedeutend" im Monumentalen der Großstadt. Symbolisch wird seine

und beschließt spontan, per Schiff nach Frankreich zu fahren.	eigene Bedeutungslosigkeit inszeniert. Sein Leben hier besitzt eine andere Qualität als das während seiner erinnerungsträchtigen Reise. Ivy – wie auch die Stewardess – drängen sich Faber als Sexualobjekte auf. In der Duschszene verhängen sich beide symbolisch den Blick für die Erkenntnis, dass ihre Beziehung zu Ende ist (vgl. Sequenz 23).
18 Faber packt in seiner Kabine die Reiseschreibmaschine aus und unterhält sich mit einem Mitreisenden.	Die Schreibmaschine wird über die Beleuchtung zum wichtigen Detail. In ihr verbinden sich Fabers Technikliebe und Akribie mit der Aufarbeitung seiner Vergangenheit.
19 Faber schlendert mit seiner Kamera über Deck und filmt. Eine junge Frau läuft ihm ins Bild. Die Kamera am Handgelenk baumelnd, lehnt sich Faber über die Brüstung und blickt aufs Meer.	Wieder taucht der Schmalfilm als „Film im Film" auf. Fabers Kamera baumelt als Symbol der menschlichen Gewalt über die Bilder gefährlich über dem Symbol der Naturgewalt, dem Meer.
20 Zur Einteilung der Essenszeiten stehen die Passagiere wartend in einer Schlange zum Oberdeck. Faber bekommt den Pferdeschwanz der jungen Frau ins Gesicht.	Faber und Sabeth sind über die Kleidung verbunden: Beide tragen schwarz, die übrigen Passagiere helle Farben. Die Sonnenbrille verbindet Faber als Betrachter von Sabeth mit ihrem Freund. Der touchierende Pferdeschwanz hat symbolisch erotische Bedeutung.
21 Abends kommt die Frau an den Tisch Fabers und fragt einen Mitreisenden nach einem Hotel in Paris. Von Faber leiht sie sich einen Stift. Als er sie nach diversen Sehenswürdigkeiten in Paris fragt, da er selbst noch nie dagewesen sei, findet sie dies „amazing" und dreht sich im Weggehen nochmal zu Faber um.	Sabeth steht vor dem Tisch. Ihr Gespräch – im Schuss-Gegenschuss-Verfahren aufgenommen – wechselt deshalb zwischen Vogelperspektive auf Faber und Froschperspektive auf Sabeth, was die subjektive Wirkung der jungen Frau auf Faber unterstreicht. Die Kameraachse steht dabei z.T. verlängernd zur Handlungsachse.
22 Die junge Frau trifft Faber auf dem Sonnendeck. Er liegt in ihrem Liegestuhl, der ihr Namensschild trägt. Sie heißt „Piper" und ist Deutsche. Oberflächlich unterhalten sich beide über die Existenzialisten, die Faber nur als schwarz gekleidete Espressotrinker kennen will.	Wie die Visitenkarte Henckes ist auch das Namensschild am Liegestuhl als Detail ins Bild gesetzt. Die Bedeutung des Namens für die weitere Entwicklung ist so optisch deutlich gemacht, ohne dass sie hier inhaltlich thematisiert wäre. Während des Gesprächs über die Existenzialisten tragen Faber und Sabeth selbst schwarze Kleidung. Die Froschperspektiven, aus der beide Gesprächspartner anfänglich aufgenommen sind, nähern sich innerhalb der Schuss-Gegenschuss-Montage der Normalsicht. Gegenseitige Distanz zwischen Faber und Sabeth wird so bildsprachlich abgebaut.
23 Frau Piper und ihr Freund laufen im Regen mit einer über den Kopf gezogenen Tischdecke lachend über Deck und stoßen mit Faber zusammen.	Die Sequenz erhält symbolische Bedeutung in ihrer Parallelität zu Sequenz 17. Auch Sabeth und Curd verhängen sich die Köpfe für den Blick in die Realität – in der Faber ihnen „im Weg" steht. Die symbolische Bedeutung dieser Sequenz wird dadurch unterstrichen, dass kein Dialog, nur Originalgeräusche die Tonspur bestimmen.

24	Am Abend diskutiert Frau Piper mit Faber am Tisch im Speisesaal über die Wahrnehmung von Kunst. Er entschuldigt sich und verlässt, leicht angetrunken, die Unterhaltung fast verteidigend mit dem Argument, das Schiff werde nicht von Kunst oder Religion über Wasser gehalten, sondern von moderner Technik.	Sabeth ist in Naheinstellung festgehalten. Dieser Nähe weicht Faber aus, sieht Sabeth beim Gespräch nicht an, seine Handlungsachse liegt – anders als Sabeths – schräg, nicht parallel – zur Kameraachse. Als Faber wieder aufsteht und an Sabeth vorbeigeht, filmt die Kamera über seine Schulter aus der Vogelperspektive auf Sabeth. Bildsprachlich ermöglicht Faber die Flucht subjektiv wieder eine Überlegenheit.
25	Frau Piper überredet Faber zu einer Partie Tischtennis. Sie gewinnt.	Das Tischtennisspiel ist für beide eine Machtprobe. Die amerikanische Perspektive, mit der ihr Spiel im Schuss-Gegenschuss-Verfahren gefilmt ist, verstärkt den Eindruck eines Duells.
26	Faber zeigt Elisabeth Piper das Schiff und erklärt ihr technische Details. Sie flirtet mit ihm. Bevor sie ihn zum Abendessen verlässt, erklärt er, sie in Zukunft „Sabeth" zu nennen.	Wieder sind Faber und Sabeth farbgleich gekleidet. Ihr Gespräch ist im Lärm der Maschinen nicht zu verstehen. Hier ist sowohl bildlich wie tonlich metonymisch montiert worden: Fabers Weltbild ist inszeniert. Der „kleine" Mensch und seine Stimme gehen in der Technik unter. Gerade dieses entpersonalisierte Weltbild kontrastiert mit der Intimität der Sequenz: Sabeth legt ihre Hand auf die Fabers, und er gibt ihr den Namen „Sabeth". Zusätzlich wird ein Musikmotiv kommentierend eingeführt.
27	Faber schreibt auf seiner Schreibmaschine in der Kabine. Der Erzähler-Faber berichtet von Gedanken an Hanna, die Sabeth bei Faber wachgerufen habe.	Über den Kommentar des Erzähler-Fabers ist diese Sequenz an die letzte angebunden. Faber ist durch Sabeth an Hanna erinnert und versucht, die Ähnlichkeit in der Retrospektive zu bagatellisieren.
28	Die seekranke Sabeth wird von Faber und ihrem Freund Curd in ihre Koje gebracht. Faber lädt Curd zum Tontaubenschießen ein und erfährt, dass Sabeth und er nicht verlobt sind. Gegen ihre Übelkeit bringt er Sabeth später Magentabletten.	In der Fürsorge um die kranke Sabeth konkurrieren die beiden Männer. Curd öffnet Sabeths Rückknopf. Die Kameraperspektive entspricht hier dem Blick Fabers. Erstmals kann der Zuschauer eine sexuelle Fantasie Fabers annehmen. Beim Tontaubenschießen sind beide Männer aus der leichten Froschperspektive gefilmt, was ihre latente Gegnerschaft unterstreicht.
29	Sabeth erzählt Faber am letzten Abend vor der Ankunft in Frankreich auf der Reling sitzend von ihren Zukunftsplänen und von ihrer Mutter.	Hintergrund und Lichtverhältnisse in der Präsentation der beiden Protagonisten sind charakterisierend: Über Großaufnahmen wird die Nähe der beiden zueinander inszeniert, obwohl ihr Dialog eher unbedeutend ist. Sabeth sitzt im Gegenlicht an der Reling, ihr Hintergrund ist Meer und Abendhimmel. Faber sitzt vor einer Rohrkonstruktion der Schiffstreppen, sein Gesicht ist ausgeleuchtet, während ihres nur als Kontur erkennbar ist. Sie bleibt „geheimnisvoll" für ihn.
30	Abschiedsball an Bord. Faber tanzt nicht, betrachtet nur die tanzende Sabeth. Als man ihm um Mitternacht zu seinem Geburtstag gratuliert hat, folgt er Sabeth an Deck.	Über die Halbnaheinstellung einer Nebenfigur muss der Zuschauer langsam Orientierung gewinnen. Das Unwichtige steht äußerlich vor dem Wichtigen. Der Zuschauer spürt die Spannung

	zwischen Faber und Sabeth. Die Blicke, die Sabeth beim Tanz zu Faber wirft, erinnern die Zuschauer an die Blicke Hannas, während sie mit Joachim tanzte (vgl. Sequenz 11).
31 Unvermittelt macht Faber Sabeth einen Heiratsantrag, den er aber nach zwei Nachfragen beim dritten Mal widerruft.	Eine Mise en Scène ist in der Nacht an Deck kaum zu erkennen, in der Erinnerung Fabers aber auch nicht notwendig, da die emotionale Dichte dieser Sequenz eine Wahrnehmung der Umgebung gar nicht plausibel machte. Von den Gesichtern der Personen sind nur sichelartige Konturen zu sehen. Die aktuelle Tanzmusik dieser Sequenz wird durch ihre Mischung in die nächste Sequenz zum kommentierenden, erinnerten Ton.
32 Ankunft in Frankreich. Die Passagiere verlassen das Schiff. Faber winkt Sabeth zu, die mit Curd davongeht und sich noch einmal zu ihm umblickt.	Zu den low-key geleuchteten Großaufnahmen der letzten Sequenz kontrastiert die hell ausgeleuchtete Halbtotale. Sabeth und Faber agieren aus einer Menschentraube heraus. Wie nach dem Flugzeugabsturz und nach der Wüstenepisode wird auch jetzt dieser Erinnerungsblock mit einer Ausblende abgeschlossen.
33 Faber hält einen Filmvortrag über ein Staudammprojekt und verlässt den nachfolgenden Empfang spontan, um in den Louvre zu fahren.	Sekunden nach einer „black screen" wird diese Sequenz mit hartem Schnitt montiert. Nach drei Einstellungen erst, die „Natur" aus der Totalen und Vogelperspektive zeigen, kann der Zuschauer die Bilder inhaltlich einordnen. Faber ist aus der Froschperspektive vor einer Filmleinwand zu sehen, wobei ihn der Projektionsstrahl trifft, sodass auch sein Kopf die Bilder reflektiert. Symbolisch bedeutet dies, dass auch er teilweise schon „eins" ist mit der Natur. Wieder kann von metonymischer Montage gesprochen werden. Fabers Vortrag, sein Stolz auf die Bezwingung der Natur durch Mensch und Technik, kontrastiert dabei mit den Bildern. Ein Baum stürzt in Richtung Kamera, als ob er Faber zu erschlagen drohte – Vorausdeutung, dass ihm die Natur gefährlich werden wird. Die kulturkritischen Bemerkungen am Buffet bleiben bedeutungsloses Accessoire. Fabers Entschluss, in den Louvre zu fahren, ist mit dem Musikmotiv aus Sequenz 26 kommentierend unterlegt.
39 Im Louvre betrachtet Faber die Venus von Milo und diverse Gemälde mit weiblichem Akt. Sabeth betrachtet ihn unbemerkt, hinter Säulen versteckt.	Die Venus sowie die übrigen Frauenbilder sind aus der Froschperspektive gefilmt, sie gibt die Betrachterposition Fabers wieder, kommentiert aber auch die von ihm subjektiv erfahrene „Größe" der Frau im Vergleich zu ihm selbst. Sabeth hinter den Statuen wirkt wie das lebendige Gegenstück zu den steinernen Körpern. Sie wird hier mit dem Frauenbildmotiv verknüpft, das auch in folgenden Sequenzen Bedeutung bekommt.

35 Sabeth folgt Faber in die Tuilerien. Beide freuen sich über das Wiedersehen. Faber lädt Sabeth zum Essen ein und ändert spontan seine Pläne. Statt die Konferenz zu besuchen, beschließt er, Sabeth per Leihwagen nach Rom zu bringen. Sie nimmt sein Angebot begeistert an.	Die Sequenz beginnt mit einer Halbtotalen von Faber, der auf der Kameraachse ins Bild (weg vom Betrachter) durch eine Allee geht. Die Einsamkeit, die sich hier auch filmsprachlich ausdrückt, wird mit Detaileinstellung von Sabeths Händen auf Fabers Augen zur totalen Nähe. Die weiteren Großaufnahmen der beiden Protagonisten zeigen auch deren innere Nähe zueinander. Farbkompositorisch dominieren im Park Schwarz-Grün, an der Seite Grau, im Restaurant Rot-Braun. Aus kalten Farben werden warme, die Farben entsprechen den Stimmungen. Auffällig: der Blick Fabers von außen durch das geschliffene Restaurantfenster. Das Bild Sabeths verdoppelt sich – Faber sieht Sabeth zweifach: mit väterlichen und verliebten Gefühlen.
36 Sabeth und Faber fahren durch Frankreich. Sabeth beschließt ihren Begleiter „Faber" zu nennen und erklärt die Wortbedeutung aus dem Lateinischen. In einem Hotel bei Avignon beziehen sie als Mlle. Piper und M. Faber zwei Zimmer, doch Sabeth kommt zu Faber und verbringt die Nacht mit ihm.	Der glücklichen, unbeschwerten Reise wird ein Pianowalzer motivisch unterlegt, der am Abend gegen ein anderes Musikmotiv gemischt wird. Ebenso wie die Musikstücke kontrastieren die Lichtverhältnisse von Tages- und Nachtfahrt (high-key vs. low-key). Sind tags Faber und Sabeth im Schuss-Gegenschuss-Verfahren montiert, scheinen sie abends – als Sabeth auf Fabers Schoß sitzt und lenkt – eine Person. So wird indirekt die tragische Verbindung zwischen beiden über die Filmsprache gestaltet.
37 Faber und Sabeth fahren weiter nach Italien. Er kann der unersättlichen Kunstgier Sabeths kaum folgen.	Diese Sequenz ist narrativ montiert. Das Walzermotiv sowie zahlreiche Überblenden und Zeitlupen-Schmalfilmbilder lassen den Eindruck geraffter Zeit entstehen. Statt Dialog kommentiert der Erzähler-Faber aus der Retrospektive.
38 Nach einer weiteren Übernachtung in Orvieto entdecken beide in einem Kreuzgang den Kopf einer schlafenden Mädchenstatue. Sabeth schreibt eine Postkarte an ihre Mutter und es klärt sich, dass Joachim Hencke ihr Vater ist. Faber verschließt sich. Sabeth versteht den Stimmungswandel nicht. Rückblende: Hanna läuft unmittelbar vor der Trauung mit Walter vor der Kirche weg, trennt sich von ihm und erklärt, Joachim werde ihr helfen, da er sie liebe. Faber will Näheres über Sabeths Geburtstag und ihre Eltern wissen, andererseits aber nichts mehr von Sabeths Mutter erzählt bekommen. Sabeth zweifelt an seiner Liebe zu ihr. Im Hotel wünscht der Portier Mr. und Miss Faber „Gute Nacht".	Die Aufklärung der Beziehung kündigt sich auf der Symbolebene an, als Sabeth die Fenster des Hotels in Orvieto öffnet. Licht in einen dunklen Raum lassen wird auch in Sequenz 43 bildlich bei der Inszenierung inhaltlicher Aufklärung als Motiv gewählt. Der Symbolgehalt einzelner Einstellungen wird größer: Der Kopf des schlafenden Mädchens spielt auf die griechische Mythologie an, das Apfelessen in den antiken Ruinen hat religiösen Verweischarakter.
39 Als Hanna gerade Ausgrabungsgestein untersucht, kündigt Sabeth telefonisch ihre An-	Orientierung erhält der Zuschauer in dieser Sequenz nicht über einen Raum, sondern über den

kunft an und berichtet kurz von ihrer Reise und Begleitung. Diverse Ansichtskarten – auch den „Kopf des schlafenden Mädchens" – hat sie der Mutter bereits geschickt, die sie „Elsbeth" nennt.	Endpunkt eines vertikalen Schwenks: Hannas Gesicht. Die Karte Sabeths mit dem Kopf des schlafenden Mädchens deutet auf eine Intensivierung dieser Symbolschiene hin.
40 Sabeth filmt Faber. Sie will noch nach Delphi. Faber lehnt ab, er will schnell nach Athen. Sabeth läuft allein an Getreide wendenden Bauern zum Meer und geht schwimmen. Als sie aus dem Wasser kommt, erwartet sie Faber. Sie versöhnen sich.	Die griechische Musik wirkt schicksalhaft. Die erntenden Bauern verweisen symbolisch auf einen bevorstehenden Tod. Insgesamt weiten sich die Einstellungsgrößen zum Ende der Sequenz, doch die versöhnende Umarmung erfolgt wieder als Nahaufnahme. Innere Bezüge der Protagonisten zueinander sind filmisch umgesetzt. Die Sequenz wird ausgeblendet bis zur „black screen". Wieder ist so ein Handlungs- und Erinnerungsschnitt markiert.
41 Bei Sonnenuntergang geht Faber baden. Währenddessen wird die schlafende Sabeth von einer Schlange gebissen und stürzt im Lauf mit dem Kopf auf eine Steinplatte. Faber bringt sie per Anhalter auf wechselnden Gefährten nach Athen ins Krankenhaus.	Als Parallelmontage sind der badende Faber, die schlafende Sabeth und die Schlange verknüpft. Die Spannung innerhalb der Sequenz wird über Kontraste erreicht. Faber ist aktiv, Sabeth passiv, laut hört man Fabers Kraulbewegung im Wasser, lautlos gleitet die Schlange. Faber ist im Wasser in der Halbtotalen aus der Vogelperspektive zu sehen, Sabeth sieht der Zuschauer groß, teilweise sogar detaileingestellt und bei ihrem Sturz aus der Froschperspektive gefilmt. So wird Fabers traumatische Rekonstruktion des Unfallhergangs und das Gefühl seiner Hilflosigkeit bildlich umgesetzt. Hilflos ist Faber überhaupt. Technik hilft ihm nicht: Angesichts der Natur (Schlangenbiss/Gelände) ist das Auto noch zu langsam, Technik verschafft Faber auch in Athen keine Orientierung mehr. Er braucht einen Dolmetscher um den Weg ins Krankenhaus zu finden. Wieder wird ausgeblendet, diesmal beträgt der Handlungsabschnitt zwischen den beiden letzten Blenden nur eine Sequenz. Die Kürze verweist auf den Höhepunkt.
42 Im Krankenhaus erwacht Faber aus einer Ohnmacht. Hanna ist bei ihm, sie fragt ihn über den Unfallhergang und seine Beziehung zu Sabeth aus. Schließlich verlässt sie mit Faber das Krankenhaus.	Die Einblende nach der letzten „black screen" zeigt, dass Faber an die Zwischenzeit wirklich keine Erinnerung besitzt, erst hier wacht er aus einer Ohnmacht auf. Faber ist doppelt zu sehen, er betrachtet sein Spiegelbild im Krankenzimmer. Er wird ein drittes Mal (vgl. Sequenzen 4 und 5) mit sich selbst konfrontiert und findet sich hier zwischen Hanna und Sabeth. Beim Verlassen des Krankenhauses steigen Faber und Hanna, aus der Froschperspektive festgehalten, die Treppe hinunter. Der „Abstieg" kontrastiert mit dem „Aufstieg" der Rückblende (Sequenz 11 [b]) und bekommt somit vorausdeutende Qualität (Sabeths Zeugung vs. Sabeths Tod).
43 Zu Hause berichtet Hanna Faber von ihrem Beruf als Archäologin: „Scherbenarbeit – ich	(Vgl. Detailanalyse.) Das Zögern Hannas bei der Ausleuchtung von Sa-

kleistere die Vergangenheit zusammen." Beim Abendessen erklärt sie, dass Sabeth Joachims Tochter sei. Daraufhin berichtet Faber von Joachims Tod und seiner Intimität mit Sabeth. Rückblende: Erste Hotelnacht in Avignon. Hanna lässt Faber in Sabeths Zimmer übernachten, schließt sich in ihr Zimmer ein und weint.	beths Zimmer hat erneut symbolische Bedeutung (vgl. Sequenz 38) und steht für das ängstliche Bedürfnis nach einer Klärung der Beziehungskonstellationen und damit der Vergangenheit.
44 Als Faber erwacht, ist Hanna schon im Krankenhaus, wohin er ihr folgt. Im Krankenhausflur sprechen sie sich im heftigem Dialog über ihre Beziehung aus und Faber will seine Tochter sehen. Ein Gespräch mit ihr im Krankenhausgarten verhindert Hanna, beide können nur über Blicke kommunizieren. Faber bleibt weinend zurück.	Über die Totale der Akropolis werden einerseits Ort und Zeit der nächsten Sequenz vermittelt, andererseits erinnert sie an die griechische Sagenwelt und kann als Symbol ein göttliches Urteil ankündigen. Die Notiz Hannas ist – wie Visitenkarte und Liegestuhlschild – als Detail aufgenommen. Der Zuschauer ahnt, dass sich dort Wichtiges ereignen wird. Der Streit zwischen Faber und Hanna im Krankenhaus wird bildlich über die Schuss-Gegenschuss-Montage und die größer werdenden Einstellungen in seiner zunehmenden Emotionalität dargestellt. Sabeth im weißen Nachthemd im Krankenhausgarten erinnert an eine Frauenfigur der Antike. Hier wird Sabeth direkt mit der Symbolebene verbunden.
45 Ein Schädelbruch ist die Todesursache Sabeths. Hanna schlägt Faber am Totenbett ihrer Tochter, beide fallen sich weinend in die Arme. Rückblende: Sabeth wacht im Hotelzimmer in Orvieto auf.	Vom weinenden Faber wird zum griechischen Arzt übergeblendet, der unemotional medizinische Erklärungen zur Todesursache gibt. Sabeths Gesicht auf dem Totenbett (Großaufnahme) erinnert offensichtlich an den „Kopf des schlafenden Mädchens". Fabers Rückerinnerung (Schmalfilm) löst sich in Gelb-/Rottönen auf, was technisch gesprochen auf eine Überbelichtung oder das Filmende hinweist. Hier hat die Qualität des Filmmaterials doppelte Symbolfunktion. Sie verdeutlicht das Ende einer Erinnerung und Sabeths Tod.
46 Hanna bringt Faber zum Flughafen, sie verabschieden sich in schweigender Umarmung. Rückblende: Sabeth dreht sich in Italien im weiten blauen Kleid auf den Stufen eines Portals. Während alle Fluggäste an Bord gehen, bleibt Faber allein in der Abflughalle sitzen. Der Erzähler-Faber berichtet, dass ihm sein Leben sinnlos erscheint, er jedoch nichts von Selbstmord hält. Er weiß nicht, wo er Sabeth suchen soll. Rückblende: Sabeth steht am Ufer im blauen Kleid mit offenem Haar. Sie dreht sich um.	Beim Abschied von Hanna wird Faber an Sabeth erinnert. Der Zuschauer kann nur ahnen, dass dies auch der Grund ist, aus dem Faber Athen verlassen muss. An eine Wiederaufnahme seiner Beziehung zu Hanna kann er nicht denken. In der Wartehalle schließt sich der Erzählkreis, die Vergangenheit hat die Gegenwart wieder eingeholt. Das offene Fenster mit wehender Gardine hinter Faber symbolisiert seine innere Leere und Haltlosigkeit. Sein Gesicht ist wie versteinert, „sehen" scheint er nicht mehr zu können – die Sonnenbrille, die dem Zuschauer seine Augen nicht zeigt, unterstreicht diese Perspektivlosigkeit, die auch der Erzählerkommentar ausdrückt.
Abspann	Lied: Careless love

Aus: G. Marci-Boehncke (Hrsg.): Film und Literatur 4. Homo faber. © Moritz Diesterweg, Frankfurt/M. 1995, S. 35–42

Spiegel-Gespräch mit Volker Schlöndorff

Regisseur und Autor?

[...]

SPIEGEL: Ist es nicht merkwürdig, dass aus diesem Roman erst nach 34 Jahren ein Film geworden ist?

SCHLÖNDORFF: Frisch hat einmal zu mir gesagt: „Es ist eigentlich gut, dass der Film jetzt erst gemacht wird, nachdem die Ideologien so gründlich erschüttert sind und man eigentlich wieder auf die existenzialistische Haltung der Fünfzigerjahre zurückgeworfen ist. Gibt es denn Schuld, oder sind wir schon dadurch, dass wir geboren sind, schuldig? Wir haben keine positive Utopie mehr, wir haben eigentlich keine Hoffnung mehr; aber wir wollen uns nicht damit abfinden, mit dem Leben, so wie es ist." Das ist das Thema von „Homo faber".

SPIEGEL: Welche Komponenten des Romans, der ja auch eine politische Seite hat, waren ihm wichtig?

SCHLÖNDORFF: Ich hatte mir natürlich Gedanken gemacht, wie aus diesem Stoff ein Film werden könnte, und ich hatte den Eindruck, das Buch besteht aus zwei Teilen. Es gibt einerseits eine sehr ausführliche Auseinandersetzung mit Mittelamerika, mit dem Dschungel, mit Venezuela, mit Havanna, mit Kuba vor der Revolution, und es gibt andererseits eine Privatgeschichte: Die Geschichte des Ingenieurs Faber, der seiner Tochter Sabeth begegnet, von deren Existenz er keine Ahnung hatte, und daraus wird eine Liebesgeschichte.

SPIEGEL: Dazu kommt die Vorgeschichte in den Dreißigerjahren, die nicht unpolitisch ist: Hanna, die Mutter des Mädchens, ist eine deutsche Jüdin.

SCHLÖNDORFF: Frisch hat mir erzählt: „Ausgelöst wurde das Buch durch meine Reise nach Südamerika 1954. Ich hatte viel gesehen, viel erlebt und wollte davon erzählen. Und dann beim Schreiben ist plötzlich dieser rothaarige Pferdeschwanz auf dem Schiffsdeck aufgetaucht." Er sagte: „Ich dachte, na ja, vielleicht ist so eine kleine Liebesgeschichte dazu nicht schlecht. Und ein paar Seiten weiter merkte ich, das läuft auf Inzest hinaus. Ich muss abbrechen, dachte ich, die zwei Bücher gehen nicht zusammen. Der Dschungel und die Inzest-Geschichte, von der ich überhaupt nichts weiß, das bringe ich nicht zusammen." Natürlich hat er doch weitergeschrieben und hat es zusammengebracht. Ich erinnere mich, dass er auch gesagt hat: „Als ich anfing zu schreiben, dachte ich, hoffen wir, dass es ein Buch mit gutem Ausgang wird. Ich will ja nicht das Elend in der Welt noch vermehren." Und dann ist es doch zu einem Klagelied geworden mit seinem tragischen Ende.

SPIEGEL: Ihre Unterhaltungen mit Frisch haben die Gewichtung des Stoffs bestimmt?

SCHLÖNDORFF: Mir wurde klar, dass ich mich für das eine oder das andere entscheiden muss. Das ist immer die Sache mit Literatur und Film, denn ein Film dauert im höchsten Falle 120 Minuten.

SPIEGEL: Ihre Wahl fiel auf die Liebesgeschichte.

SCHLÖNDORFF: Ja. Aber es ist ja nicht nur die Liebesgeschichte, sondern es ist die Biografie, es ist der erlebte Teil.

SPIEGEL: Hatten Sie von Anfang an den Eindruck, dass Frisch aktiv an dem Film mitarbeiten will? Es hat ihn interessiert, dass dieser Film zustande kommt?

SCHLÖNDORFF: Sehr. Er hat geradezu gedrängt. Er sagte: „Ich will nicht mehr wirklich schreiben, aber es interessiert mich. Schließlich bin ich Theatermann. Es interessiert mich, an der Dramaturgie mitzuarbeiten, am Aufbau dieser Sache und an den Dialogen."

SPIEGEL: Hat er von sich aus Veränderungen vorgeschlagen?

SCHLÖNDORFF: Der Faber des Romans ist ein todkranker Mann, der seine Geschichte vor einer vermutlich aussichtslosen Operation niederschreibt. Frisch fand, dieses Somatisieren sei im Film vielleicht nicht richtig. „Der Mann sollte nicht krank sein. Es sollte ein Gesunder sein, dem das zustößt."

SPIEGEL: Denken Sie, dass sich darin die Distanz eines Autors nach über 30 Jahren gegenüber dem eigenen Werk zeigt?

SCHLÖNDORFF: Das waren eher dramaturgische Überlegungen. Ich hatte ihn gefragt: „Ist es denn nötig, dass er bestraft wird am Ende? Ist es nicht noch fürchterlicher, wenn er dasitzt und es findet kein Gericht statt? Etwas Entsetzliches ist passiert, aber das Leben geht einfach weiter?" Darauf haben wir uns im Gespräch geeinigt.

SPIEGEL: Was ist denn das Entsetzliche? Ist es, dass er als junger Mann seine schwangere Geliebte im Stich gelassen hat? Ist es der Inzest? Ist es der Unfalltod der Tochter?

SCHLÖNDORFF: Es ist die Summe des Ganzen. Frisch drückt es so aus: Der Faber lebt, wie wir alle leben, als ob das Leben eine Summe von Erlebnissen auf einem Verkehr sei. Tatsächlich ist es aber eine Kurve mit einem Höhepunkt, den man irgendwann überschritten hat. Das Fürchterliche für Faber ist die Erkenntnis, dass er ein paar Sachen falsch gemacht hat, andere Sachen ihm zugestoßen sind, für die er nicht verantwortlich ist, die aber so unumkehrbar sind, dass eigentlich das Leben danach nicht mehr weitergehen kann.

SPIEGEL: Also kann man von Schuld sprechen, etwa im Sinn der griechischen Tragödie: Er hat Schuld auf sich geladen mit dem Inzest und wird mit der Erkenntnis bestraft. Wenn man so will, ist es eine Ödipus-Variante.

SCHLÖNDORFF: Ja und nein. Frisch sagt: Das ist nicht Ödipus, sondern, wenn überhaupt ein Mythos, dann der von Demeter und Kore. Demeter trotzt den Göttern ein Besitzrecht auf die Tochter ab. So ist Hanna. Er sagt aber auch, mehr als die „Sagen des klassischen Altertums" in der Schulzeit habe er nie darüber gelesen. Wenn von Schuld die Rede sein soll, würde Frisch etwa sagen: Seine Schuld ist, dass er glaubt, er könne Herr des eigenen Schicksals sein, er könne sein Leben kontrollieren. Die Götter strafen ihn blind, indem sie zuschlagen und ihn zerstören, um den Menschen daran zu erinnern, dass er nicht selbst bestimmt.

SPIEGEL: Sie haben gesagt, Frisch war beim Schreiben erschrocken, als er auf das Inzest-Thema stieß, weil er das nicht für sein Thema hielt. Sie selbst hatten beim ersten Mal, als der Stoff Ihnen angeboten wurde, gesagt: Nein, diese Inzest-Geschichte, das kann man nicht machen. Haben Sie mit Frisch über diesen Abwehrreflex gesprochen?

SCHLÖNDORFF: Wir haben es vermieden. Wir haben uns darauf geeinigt, dass der Inzest vielleicht eine Metapher ist. Warum sollte ein Mann nicht eine 25 Jahre jüngere Frau lieben und vielleicht auch heiraten? Ich glaube, in der Biografie von Max Frisch hat es das nicht nur einmal gegeben. Fabers Beziehung zu seiner New Yorker Geliebten Ivy ist ganz anders. Frisch sagt: „Frauenliebe ist oft klammernd wie Lianen im Urwald, Schleim, Zerfall, Sperma. So ist Ivy, das ekelt ihn. Deshalb ist er mehr und mehr auf die Jugend fixiert. Sie hat etwas Puritanisches. Auch Sabeth. Das liebt er." Es ist wohl im Buch und ganz bestimmt im Film so, dass sich eher die Tochter in den Vater verliebt. Das geht von ihr aus.

SPIEGEL: Beide wissen natürlich nicht, dass sie Vater und Tochter sind, das ist wichtig.

SCHLÖNDORFF: Faber will es nicht wissen. Ich stelle eher praktische Fragen, wenn ich die Chance habe, vom Autor eines Romans etwas über die Charaktere zu erfahren. Frisch beschrieb mir sehr, sehr ausführlich diese Sabeth auf dem Schiffsdeck, wie das Wetter war, wie die Wolken zogen und wie er nie vergessen wird, wie sie dann in Southampton von Bord ging und sich in der Menge verlor. Da habe ich ihn unterbrochen: „Moment mal, die fahren doch beide bis Le Havre." Da sagte er: „Ja, im Buch, aber im Leben ist sie in Southampton ausgestiegen." Das sind die Momente, wo man merkt, hier hat man es nicht mit einer ausgedachten Geschichte zu tun, sondern hier ist ganz, ganz viel Erlebtes zusammengekommen.

SPIEGEL: Sie haben das Glück gehabt, dass sie bei Ihren Literatur-Verfilmungen mit drei Autoren zusammenarbeiten konnten: mit Böll, mit Grass, mit Frisch. Was hat sie unterschieden und was war ihnen gemeinsam?

SCHLÖNDORFF: Das Gemeinsame, würde ich sagen, ist eine ausgesprochen naive Haltung zum Film. [...]

SPIEGEL: Und Frisch? Man merkt an seinem Schreiben, dass er ein Augenmensch ist. Sein Held Faber filmt ja auch selbst.

SCHLÖNDORFF: Frisch erzählt immer wieder das Erlebte des 8-Millimeter-Films, den ein Bekannter jeden Sonntag vorführte, nachdem dessen Frau gestorben war, und immer wieder musste man sich ansehen, wie die inzwischen Tote unermüdlich über eine Blumenwiese lief und sich immer wieder an einem Zaun beim Überklettern den Rock zerriß und sich lachend in die Kamera umdrehte. Dieses Filmbild sagte er, sei für ihn eigentlich der perfekte Ausdruck von Totsein. [...]

In: SPIEGEL Nr. 12/91.
Mit freundlicher Genehmigung von Volker Schlöndorff.

❏ 1. Welche Akzente setzt Schlöndorff im Film?
2. Welche Rollen spielen das Inzest- und das Demeter-Motiv?
3. Erörtern Sie Hinweise auf das Entsetzliche, den Kern des Films.

Faber – ein moderner Ödipus?

Besonders deutlich sind die Anspielungen im Roman auf Sophokles' Drama „König Ödipus". Frisch behält die analytische Grundstruktur bei, variiert aber den antiken Stoff, indem er statt des Mutter-Sohn-Inzests einen Vater-Tochter-Inzest stattfinden lässt und deutlich macht, dass der moderne Mensch Walter Faber sich nicht, wie einst Ödipus, bei der Schuldfrage auf Orakel und Götter zurückziehen kann, sondern dass seine Schuld in ihm selbst begründet liegt und Folge seines einseitig rationalen Selbstkonzeptes ist.

Für die Psychoanalyse stellt die Ödipus-Sage ein Modell dar, das hilft, Verhaltensweisen des Menschen auf ihre unbewussten Ursachen zurückzuführen und so besser verständlich zu machen.

Freud vermutet hinter den Begründungen, die in der Ödipus-Sage für den Inzest des Sohnes mit der Mutter gegeben werden – Unkenntnis der wahren Eltern – eine Rationalisierung, die verdecken soll, dass es sich um eine Ur-Fantasie des Menschen handelt, die in der kindlichen Entwicklung eine wichtige Rolle spielt: um den Wunsch des männlichen Kindes, die Mutter sexuell zu besitzen und den Vater als Rivalen zu beseitigen.

Dieser „Ödipus-Komplex" kann sinngemäß auch auf das Verhalten der Tochter zum Vater übertragen werden. In diesem Fall spricht man vom „Elektra-Komplex".

Auch das Mädchen verliebt sich zuerst in die Mutter und lehnt den Vater als Rivalen ab. Unter dem Eindruck des eigenen Penismangels wendet es sich dann von der Mutter ab und dem Vater zu. Im Unterbewusstsein formt sich der Penisneid zum Wunsch um, sich mit dem Vater sexuell zu vereinigen.

Auf diese Weise wäre Sabeths Kontakt suchendes Verhalten dem einer andern Generation angehörenden Faber gegenüber zu erklären: Von ihr sei die Initiative stets ausgegangen, wird er nicht müde zu betonen.

Diese mythologischen Anspielungen berechtigen jedoch nicht, den Roman als modernes Schicksalsdrama zu lesen. Dazu sind sie nicht zwingend genug angeordnet und dazu sind auch die Zeitverhältnisse zu verschieden. Für Frisch sind sie Mittel zur Herstellung eines Gleichgewichtes, zur Veranschaulichung und zur Verfremdung:

– Sie bilden ein Gegengewicht gegen die Sinnleere, mit der Faber die Erscheinungen wahrnimmt, und suggerieren die Möglichkeit von Schicksalhaftem – ohne allerdings ein stimmiges System herzustellen.

– Sie veranschaulichen auf der symbolischen Ebene, also vor sinnbezogenem Hintergrund, das vordergründige Geschehen, perspektivieren und ergänzen es im Bewusstsein des Lesers.

– Sie verfremden das „übliche" Geschehen und ermöglichen dem Leser durch diese Distanzbildung eine vertieftere Sicht der biologischen und gesellschaftlichen Fehlorientierung Fabers.

Frisch zeigt durch diese Opposition technologische Weltsicht einerseits und mythische Weltsicht andererseits die Pole auf, zwischen denen sich der Mensch orientieren muss.

Ferdinand van Ingen griff das auf und suchte Fabers ‚Schicksal' als ‚selbst gemacht' zu erweisen:

„Die mythologischen Bezüge im *Homo faber* können denn auch höchstens in Form eines ironischen Als-ob als griechisch-antike Motive verstanden werden. Sie führen zum Geist der Antike hin [...] und sie umreißen einen Hintergrund, der auf Verwandtes und Ähnliches hinweist. Aber ebenso machen sie die Unterschiede bewusst. [...] Das Schicksal ist kein unabhängig vom Individuum blind waltendes Geschick, wie es die antike Schicksalsmystik kennt. Vielmehr gilt hier das Wort von den Zufällen aus dem *Tagebuch 1946-1949*: ‚Wir erleben keine, die nicht zu uns gehören. Am Ende ist es immer das Fällige, was uns zufällt.' [...] Faber ist ein Mensch, der ‚Macher' heißt und der ein ‚Macher' ist, sowohl in technischer Hinsicht als auch in dem Sinne, dass er sein eigenes Schicksal ‚macht'."[1]

„So ist es kein Zufall, wenn in Frischs Werk bei genauerem Zusehen im modernen Gewand Begriffe und Vorstellungen der antiken Tragödie auftauchen: Der Homo faber ist nichts anderes als der Mensch in der Hybris, der von den Göttern und dem Schicksal gestraft wird – Faber denkt an den Schlangenbiss, der Sabeth verletzte, als an eine Strafe der Götter. Der Mensch, der lebt, wie er will, muss erleiden, was er soll; er wird vom Schicksal auf sein wirkliches Maß zurückgeführt."[2]

Aus: Manfred Eisenbeis: Lektürehilfen Max Frisch „Homo faber", S. 100/101. © Ernst Klett GmbH, Stuttgart, 11. Auflage 1999.

---

[1] Ferdinand van Ingen: Max Frischs „Homo faber" zwischen Technik und Mythologie. In: Amsterdamer Beiträge zur neueren Germanistik 2 (1973), S. 74-76.
[2] Gerhard Kaiser: Max Frischs „Homo faber". In: Schweizer Monatshefte 38 (1958/59), S. 851.

❏ Stellen Sie die unterschiedlichen Positionen dar und diskutieren Sie diese anhand der Beteiligung Fabers am Unfall Sabeths.

Die Fälligkeit des Zufalls nach Max Frisch

Café Odeon

„Der Zufall ganz allgemein: was uns zufällt ohne unsere Voraussicht, ohne unseren bewußten Willen. Schon der Zufall, wie zwei Menschen sich kennenlernen, wird oft als Fügung empfunden; dabei, man weiß es, kann dieser Zufall ganz lächerlich sein: ein Mann hat seinen Hut verwechselt, geht in die Garderobe zurück und obendrein, infolge seiner kleinen Verwirrung, tritt er auch noch einer jungen Dame auf die Füße, was beiden leid tut, so leid, daß sie miteinander ins Gespräch kommen, und die Folge ist eine Ehe mit drei oder fünf Kindern. Eines Tages denkt jeder von ihnen: Was wäre aus meinem Leben geworden ohne jene Verwechslung der Hüte?

Der Fall ist vielleicht für die meisten, die sonst nichts glauben können, die einzige Art von Wunder, dem sie sich unterwerfen. Auch wer ein Tagebuch schreibt, glaubt er nicht an den Zufall, der ihm die Fragen stellt, die Bilder liefert, und jeder Mensch, der im Gespräch erzählt, was ihm über den Weg gekommen ist, glaubt er im Grunde nicht, daß es in einem Zusammenhang stehe, was immer ihm begegnet? Dabei wäre es kaum nötig, daß wir, um die Macht des Zufalls zu deuten und dadurch erträglich zu machen, schon den lieben Gott bemühen; es genügte die Vorstellung, daß immer und überall, wo wir leben, alles vorhanden ist: für mich aber, wo immer ich gehe und stehe, ist es nicht das vorhandene Alles, was mein Verhalten bestimmt, sondern das Mögliche, jener Teil des Vorhandenen, den ich sehen und hören kann. An allem übrigen, und wenn es noch so vorhanden ist, leben wir vorbei. Wir haben keine Antenne dafür; jedenfalls jetzt nicht; vielleicht später. Das Verblüffende, das Erregende jedes Zufalls besteht darin, daß wir unser eigenes Gesicht erkennen; der Zufall zeigt mir, wofür ich zur Zeit ein Auge habe, und ich höre, wofür ich eine Antenne habe. Ohne dieses einfache Vertrauen, daß uns nichts erreicht, was uns nichts angeht, und daß uns nichts verwandeln kann, wenn wir uns nicht verwandelt haben, wie könnte man über die Straße gehen, ohne in den Irrsinn zu wandeln? Natürlich läßt sich denken, daß wir unser mögliches Gesicht, unser mögliches Gehör nicht immer offen haben, will sagen, daß es noch manche Zufälle gäbe, die wir übersehen und überhören, obschon sie zu uns gehören; aber wir erleben keine, die nicht zu uns gehören. Am Ende ist es immer das Fälligste, was uns zufällt."

Aus: Max Frisch: Tagebuch 1946-1949. © Suhrkamp, Frankfurt/M. 1950, S. 463/464

Aus lizenzrechtlichen Gründen erscheint dieser Text nicht in reformierter Schreibung.

1. Fassen Sie Frischs Verständnis der „Fälligkeit des Zufalls" zusammen.
2. Diskutieren Sie Hannas Deutung des Geschehens: „Es ist kein zufälliger Irrtum gewesen, sondern ein Irrtum, der zu mir gehört (?) wie mein Beruf, wie mein ganzes Leben sonst. Mein Irrtum: daß wir Techniker versuchen, ohne den Tod zu leben." (S. 170)

Klausurvorschläge

zu den Bausteinen 3 und 4:

☐ Textanalyse zu S. 150-152: Faber und Sabeth in Akrokorinth

1) Ordnen Sie die Textstelle in den Erzählzusammenhang ein.
2) Arbeiten Sie heraus, welche Bedeutung die Situation für das Paar hat und wie sich dies auf deren Landschaftserleben auswirkt. Berücksichtigen Sie dabei auch, wie Faber in anderen Situationen die Natur wahrnimmt (Wüste, Dschungel) bzw. wie er bestimmte Wahrnehmungsweisen beurteilt.[1]
3) Ist Walter Faber ein anderer geworden? Nehmen Sie kurz Stellung.

[1] *Ein ähnlicher Klausurvorschlag ist für die Sturmnacht auf Cuba denkbar (S. 180f.)*

☐ Textanalyse zu S. 50 (von „Marcel sang" bis „Marcel bestritt es")

1) Ordnen Sie den Textausschnitt kurz in den Handlungs- und Erzählzusammenhang ein.
2) Stellen Sie Marcels Auffassung vom Techniker dar.
3) Beschreiben Sie Fabers technizistische Weltanschauung. Inwiefern lassen sich Marcels Aussagen auf Faber beziehen?

Erläuterungen:

– „Il etait un petit navire": franz. Volkslied: „War einst ein kleines Segelschiffchen".
– Cortez und Montezuma: Cortez, spanischer Eroberer von Mexiko, tötete 1520 den König der Azteken, Montezuma.
– H-Bombe: Wasserstoffbombe, eine Weiterentwicklung der Atombombe; sie wurde 1952 erstmals gezündet.
– Maquis: französische Widerstandsorganisation während der deutschen Besatzung im Zweiten Weltkrieg.

zu Baustein 6:

☐ Produktionsaufgabe: Die Verfilmung des Romans durch Schlöndorff

Verfassen Sie einen Brief an Schlöndorff, in dem Sie zur filmischen Umsetzung der Romanvorlage Stellung nehmen. Dabei konzentrieren Sie sich auf die Darstellung des Unfalls Sabeths und die damit zusammenhängende Schuldfrage Fabers. Selbstverständlich beginnen Sie nicht mit Ihrem Urteil, sondern erläutern zunächst den Sachverhalt.

zu Baustein 5:

☐ Erörterung: Thesen zur Figur Hannas von Mona Knapp

1) Verdeutlichen Sie kurz das Thema des vorliegenden Textauszugs.
2) Geben Sie die zentralen Thesen Knapps wieder. Erläutern und überprüfen Sie sie am Roman.
3) Setzen Sie sich kritisch mit Mona Knapps Sicht von Hanna auseinander.

Erläuterungen:

– S. de Beauvoir: franz. Schriftstellerin, deren umfangreiches Kompendium zur Frauenfrage „Das andere Geschlecht" repräsentativ für den Diskussionsstand der Fünfzigerjahre ist.

Hanna ist, wie bereits bemerkt, neben Walter die einzige psychologisch mit einiger Tiefenschärfe ausgestaltete Figur des Texts. Sie gehört zu der von de Beauvoir beschriebenen neuen Schicht emanzipierter Frauen: Sie erzieht ihr Kind allein und verfolgt zugleich eine Karriere ohne die Unterstützung eines Ehemannes. Sie verkörpert das eigentliche, unentfremdete Denken und Sprechen im Roman. Ihr Verhältnis zum Leben, zum Altern und zum Tod ist ungebrochen. Walters Selbstbewusstsein, das bereits durch das Geschehen um Sabeth und durch andere Ereignisse erschüttert wurde, beginnt in der Konfrontation mit dieser nicht nur gleichgestellten, sondern überlegenen Frau zu zerbröckeln. Seine Versuche, Hanna durch Herablassung zu disqualifizieren, scheitern sämtlich. Die einmal ausgesprochene Erkenntnis „Hanna brauchte mich nicht" (134) dient als Integrationspunkt der *gesamten* Romanhandlung, denn sie reicht zwanzig Jahre zurück in die Vergangenheit und nimmt zugleich das Ende vorweg. Walter, so sehr er sich bemüht, kann sich die innere Existenz Hannas „nicht vorstellen" (164, 193), denn sie besitzt eine Tiefe und eine Kontinuität, die dem technokratisch orientierten Helden entgeht. Hanna ist überlebensfähig, Walter nicht. Die letzten Seiten des Romans gelten demnach auch vorwiegend ihr. Sie beweisen, was Walter schon ahnt: Er war und ist im Leben Hannas überflüssig – und für das Leben Sabeths zerstörerisch. Hanna, so könnte man argumentieren, ist die „heimliche" Hauptfigur des Romans, denn dort, wo der Held in seiner Anschauung Schritt für Schritt widerlegt wird, bestätigt sich durchweg die Gültigkeit ihrer Haltung.

Aus: M. Knapp/G. P. Knapp: Max Frisch, Homo faber. Frankfurt a.M.: Suhrkamp [4]1993, S. 72f.

zu Baustein 5:

1) Fassen Sie die zentralen Aussagen der Ich-Erzählerin Alberta aus Vanderbekes Erzählung „Alberta empfängt einen Liebhaber" zusammen.
2) Beziehen Sie die Aussagen Albertas auf Fabers Schilderung von Fabers und Sabeths Wahrnehmung der Natur in Akrokorinth (S. 150–152).
3) Nehmen Sie Stellung zu Albertas Aussage: „... weil ein Mann und eine Frau, sobald sie auch nur irgendetwas, und sei es das Belangloseste auf Welt, zusammen machen, absolut etwas Verschiedenes sehen und hören und erleben ...".

Sobald ein Mann und eine Frau voneinander hören, steuern sie auf die Frage zu, ob in der Wirklichkeit ein Milchmond oder kein Milchmond drin war, und die Einigkeit ist erst einmal auf der Stelle gefährdet und später dann ziemlich bald hin, weil ein Mann und eine Frau, sobald sie auch nur irgendetwas, und sei es das Belangloseste auf der Welt, zusammen machen, absolut etwas Verschiedenes sehen und hören und erleben und sich später nie mehr darauf einigen können, was sie gesehen und gehört und erlebt haben, und genau darüber aber müssen sie aus irgendeinem dunklen Grund fortan versuchen, eine Einigung zu erlangen, und während sie versuchen, sich darüber zu einigen, sehen und hören und erleben sie die ganze Zeit über wieder die grundverschiedensten Dinge, über die wieder Einigung erzielt werden muss und so weiter; irgendwann geraten sie furchtbar in Streit und Verzweiflung, und es kommt zu den grässlichsten Kriegshandlungen, weil jeder überzeugt ist, dass er das richtige Wirkliche erlebt hat, und der andere muss sich irren. Wenn er doch nur zugeben wollte, dass er sich irrt. Begreiflicherweise sind davor ganz besonders solche Leute nicht geschützt, die Unwirklichkeits-Spezialisten sind und es daher eigentlich von Berufs wegen besser wissen sollten, aber je komplizierter die Mond- und Stern- und Denk- und Sprach-Unwirklichkeiten und das dazugehörige Spezialistentum sind, um so härter trifft es ausgerechnet Astrophysiker, Philosophen, Wörterkenner, dass sie die einfachsten Dinge so absolut verschieden sehen und hören und erleben, und je unwichtiger ein strittiges Detail ist, umso erbitterter können sie streiten.

UNTERRICHTSMODELLE

EINFACH DEUTSCH — NEU

Unterrichtsmodelle Jahrgangsstufen 5 – 7

AVI: Salz im Haar	Von Jutta Bartels. 74 Seiten, einige Abb., DIN A4, geh., Best.-Nr. 022347-1
Germanische und deutsche Sagen	Von Widar Lehnemann. 91 Seiten, einige Abb., DIN A4, kart., Best.-Nr. 022337-4
Wolfgang Kuhn: Mit Jeans in die Steinzeit	Von Franz Waldherr. 58 Seiten, einige Abb., DIN A4, geh., Best.-Nr. 022267-X
Astrid Lindgren: Ronja Räubertochter	Von Barbara Schubert-Felmy. 84 Seiten, einige Abb., DIN A4, kart., Best.-Nr. 022268-8
Jo Pestum: Heinrichs Geheimnis	Von Ute Volkmann. 66 Seiten, zahlr. Abb., DIN A4, geh., Best.-Nr. 022375-7
Joanne K. Rowling: Harry Potter im Unterricht	Von Gabriele Beyersdörfer und Susanne Dierschke. 110 Seiten, einige Abb., DIN A4, kart., Best.-Nr. 022387-0
Theodor Storm: Pole Poppenspäler	Von Jean Lefèbvre. 69 Seiten, DIN A4, geh., Best.-Nr. 022352-8

Unterrichtsmodelle Jahrgangsstufen 8 – 10

Alfred Andersch: Fahrerflucht	Von Gerd Weber. 64 Seiten, DIN A4, geh., Best.-Nr. 022345-5
Max Frisch: Andorra	Von Udo Volkmann und Ute Volkmann. 82 Seiten, einige Abb., DIN A4, geh., Best.-Nr. 022329-3
Gerhart Hauptmann Bahnwärter Thiel	Von Katharine Pappas und Norbert Schläbitz. 117 Seiten, einige Abb., DIN A4, kart., Best.-Nr. 022353-6
Gottfried Keller: Kleider machen Leute	Von Carmen Daldrup und Sandra Greiff-Lüchow. 64 Seiten, Einige Abb., DIN A4, geh., Best.-Nr. 022326-9
Gottfried Keller: Romeo und Julia auf dem Dorfe	Von Gerhard Friedl. 97 Seiten, einige Abb., DIN A4, kart., Best.-Nr. 022298-x
Friedrich Schiller: Der Verbrecher aus verlorener Ehre	Von Hendrik und Rainer Madsen. 122 Seiten, einige Abb., DIN A4, kart., Best.-Nr. 022303-x
Theodor Storm: Der Schimmelreiter	Von Widar Lehnemann. 74 Seiten, einige Abb., DIN A4, kart., Best-Nr. 022293-9

Unterrichtsmodelle Jahrgangsstufen 11 – 13

Bertolt Brecht: Leben des Galilei	Von Sandra Graunke. 112 Seiten, einige Abb., DIN A4, kart., Best.-Nr. 022286-6
Günther Grass: Katz und Maus	Von Widar Lehnemann. 120 Seiten, DIN A4, kart., Best.-Nr. 022291-2
Hermann Hesse: Unterm Rad	Von Stefan Rogal. 102 Seiten, einige Abb., DIN A4, kart., Best.-Nr. 022389-7
Bernhard Schlink: Der Vorleser – Neubearbeitung	Von Bettina Greese und Almut Peren-Eckert. 144 Seiten, einige Abb., DIN A4, kart., Best.-Nr. 022350-1
Robert Schneider: Schlafes Bruder	Von Gerhard Friedl. 148 Seiten, einige Abb., DIN A4, kart., Best.-Nr. 022351-x
Patrick Süskind: Das Parfum	Von Elisabeth Becker. 122 Seiten, einige Abb., DIN A4, kart., Best.-Nr. 022342-0
Frank Wedekind: Frühlings Erwachen	Von Stefan Rogal. 110 Seiten, einige Abb., DIN A4, kart., Best.-Nr. 022324-2
Christa Wolf: Medea, Stimmen	Von Karin Kampa. 132 Seiten, einige Abb., DIN A4, kart., Best.-Nr. 022391-9

Fordern Sie unseren Prospekt zur Reihe an:
Informationen zum Nulltarif ✆ 08 00 / 1 81 87 87

SCHÖNINGH VERLAG
im Westermann Schulbuchverlag GmbH
Postfach 2540 · 33055 Paderborn

Schöningh

E-Mail: info@schoeningh.de
Internet: http://www.schoeningh.de